코로나 시대 **교사 분투기**

코로나 시대 교사 분투기

이보경

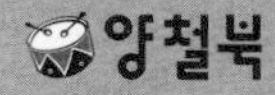

우리 교육의 파수꾼
나의 동료 선생님들에게

차례

2부 온라인 수업 한복판에서, 교육의 본질을 생각하다

서문

2020년 1월 20일, 인천 공항을 통해 입국하던 중국 여행객을 시작으로 우리나라를 비롯한 전세계는 코로나와 함께하고 있다. 코로나 확진자는 들쑥날쑥하고 있고 현재 글을 쓰기 시작한 이 시기는 '사회적 거리두기 2.5단계'이다. 초반에만 해도 메르스나 신종플루처럼 금방 잠잠해지거나 약이 나오겠거니 생각했지만, 이제는 '포스트 코로나Post Corona'에서 '위드 코로나With Corona' 이야기가 나오고 있을 정도로 이 상황은 당분간 이어질 것 같다. 돌아다니는 것을 썩 즐기지 않는 성격인데도 이 상황이 답답한데, 활동적인 사람들은 '코로나 우울증Corona Blue'이 마음속 가득 들어차 참 힘들겠다는 생각도 든다. 이처럼 코로나

19가 우리 일상에 가져온 많은 변화는 학교라고 예외는 아니다. 오히려 사회와 긴밀히 연결되어 있는 만큼 다양한 현상이 학교에서 일어나고 있다.

올해 7월부터 9월, 업무수첩에 씌어 있는 내용 중 굵직한 것들을 살펴본다.

· 7월 27일 '블렌디드 러닝수업 지원단 역량강화 원격 워크숍 1차(Webex, Padlet)'
· 8월 20일 '블렌디드 러닝수업 지원단 역량강화 원격 워크숍 2차(Zoom, Beecanvas)'
· 8월 27일~28일 '학년군 블렌디드 러닝 교육과정 재구성(Zoom, Beecanvas)' 연수
· 8월 31일 '이화여대 AI 창의융합교육 포럼(Zoom)' 연수
· 9월 1일 '신규 교사 연수 강의자 사전 협의(네이버 밴드, Padlet, Zoom)'
· 9월 1일 '이화여대 교육심리학 강의(Bandi cam 녹화, 사이버 캠퍼스 업로드, Zoom 오리엔테이션, Padlet, LMS 활성화)' 2학기 반복 15주
· 9월 3, 5, 10, 12, 19일 '온라인학습 지원을 위한 수업 역량강화 연수(Zoom)'
· 9월 9일~16일 '신규 교사 연수(Zoom, Beecanvas, Padlet)'
· 10월 13, 15, 20, 22일 '블렌디드 러닝학습' 지원단 역량강화 연수

작년과 비슷하게 배치된 강의와 연수, 포럼 일정들이다. 그러나 블렌디드 러닝Blended Learning, AI, 온라인 학습이라는 낯선 단어들과, Webex, Padlet, Zoom, Beecanvas 등의 플랫폼이나 툴이 꼭 붙어 다닌다. 이것이 있어야 만나고 소통하고 작업을 할 수 있다. 작년까지만 해도 '난 아날로그인이니 이런 것은 나랑 상관

없다'고 생각했다. 하지만 시대가 변했다. 너무나 급작스럽게 미래가 다가온 느낌이다. 나의 수첩은 이렇게 낯선 단어들로 채워지고 있다.

어제부터 실시된 재택근무는 신청하지 않았다. 집에 있는 두 아이가 컴퓨터를 하나씩 꿰차고 오전 내내 수업을 듣기 때문에 집에서 근무는 불가능하다. 도시락을 싸 오고 제시간에 출근해야 하는 불편함은 있지만, 학교에서 조용히 업무를 보는 것이 마음 편하다. 메신저와 업무포털 등을 동료들이 집에서 하고 있으니 전달사항이나 전달받을 내용에 대해서는 별 불편함이 없다. 코로나 2단계가 시작되면서 8월 중하순부터 혼자서 일하고, 혼자서 밥 먹고, 상담실과 수석교사실에 칩거하며 혼자 있다 보니 이젠 외로움도 무뎌진다.

8월 27일과 28일, '블렌디드 러닝을 위한 교육과정 재구성의 이해 및 실습'이라는 주제로 학년군으로 나누어 Zoom으로 두 번 강의를 했다. Beecanvas라는 협업 툴을 활용한 강의였다. 첫날은 잘 되더니, 둘째 날에는 6학년 선생님들 중 버그가 나서 들락날락 반복을 했다. 짜증날 상황인데 동료 선생님들은 유익하고 재미있었다며,

재구성에 대한 쉬운 팁을 얻었다며 고마워했다. 긍정적인 선생님들이 외려 고마웠다. 예정에도 없던 이 연수를 기획하고 힘들어하면서도 원래 해야 하는 일인 양 진행을 하는 나를 바라보며 문득, '내가 무엇 때문에 이렇게 사서 고생하며 강의를 할까' 하고 생각했다.

8월 31일, 학교에서 좀 이르게 퇴근하자마자 옷도 못 벗고 바로 쌀을 씻고 순두부찌개를 준비했다. 5시 53분, 밥솥의 밥이 다 되었다며 김을 뿜어댔다. 6시에 시작하는 이화여대 창의교육 포럼에 Zoom으로 참여를 해야 했다. 아이들 앞에서 5분 만에 밥을 삼키는 기적을 보였다. 벗어놓았던 윗옷을 챙겨 입으며 컴퓨터 앞에 앉아 강의를 듣고 질문을 하며 꼬박 2시간 이상을 참여했다. 대학 교수님과 중학교 영어 선생님이 지난 한 학기 동안 겪었던 온라인 수업에 대한 노하우와 그로 인해 얻은 것들을 쏟아 놓았다. 공감되는 것이 많았다. 토론자 두 명의 지식과 경험의 현란한 대방출을 보면서, 강의자나 토의자 모두에게서 '우리들이 지향하는 공통분모'가 느껴졌다. 그러면서 문득 내가 느낀 이것을 다른 사람들과 함께하고 싶다는 생각이 들었다.

코로나 사태로 인해, 전국의 학생들은 연령에 상관없이 '자기주도학습'을 강요받고 있고, 교사들 또한 다양한 스마트 기기, 플랫폼, 툴을 활용한 온라인 교수 역량을 갑작스레 강요받고 있다. 학부모들 또한 내 자녀의 학습에 대한 책임을 많은 부분 떠안게 되었다. 모두가 혼란스러웠고, 곧 이 사태가 끝날 거라고 믿었다. 하지만 이제는 코로나와 함께 살아야 하는 '위드 코로나'가 서서히 이야기되고 있다. 코로나가 끝나지 않는다니 한숨부터 나오는 이야기이지만, 현실을 빨리 직시하고 수용하는 것이 정신 건강에 좋을 것이다. 하루하루 버겁게 대처해나갔지만, 이제 조금씩 익숙해지면서, 혼란한 이 상황에서 난 무엇을 찾고 있나 생각해보기 시작했다.

우리들이 지향하는 공통분모는?

사회뿐만 아니라 교육에서도 '비대면 시대'가 가시화되면서, 오히려 나는 사람들과의 연결과 소통의 방법을 찾고 있었다. 대면 접촉이 어려워지면 어려워질수록, 내 주변의 사람들, 즉 동료 교사와 학생, 친구들, 지인들과 연결하는 방법을 늘 고민한다. 물리적으로 혼자이기를 강요하는 시대, 난 정신적으로라도 연결되고 싶은 갈망을 느낀다.

우리들이 지향하는 것도 결국은 '연결'이었다. 직접 만나지 못하는 상황에서 간접적으로라도 만나고 배움을 지향하고, 수업의 질을 고심하는 것이다. 교사와 학생은 다양하게 연결될 수 있다. 그럼, 학생과 학생은 연결이 될 수 없을까? 그것이 가능하다는 것, 아울러 만남이든 교육이든 배움이든, 서서히 본질에 대해서 고민하기 시작했다는 것이다.

이 책은 바로 이런 생각을 바탕으로 씌었다. 2020년 코로나로 인한 '온라인 학습 융단폭격' 시대, 특히 학교 교사로서 무엇을 고민해야 하는지, 생각하고 느낀 것을 쓰고, 실천한 것을 풀어나가면서 이 가능성을 교육과 관련된 분들과 함께 공유하고 싶었다. 이런 열망으로 쓴 이 글이 너무나 작은 목소리지만, 교육에 대해서 고민하는 누군가의 마음에 남는 글이었으면 좋겠다. 가

벼움과 무거움 사이에서 균형감각을 유지한 채 공감되는 글이길 바란다.

크게 두 부분으로 나누어 나의 상황과 생각을 서술했다. 1부 〈코로나19의 쓰나미, 학교의 진화〉에서는 코로나19로 인한 상황에서 수업을 위해 학교가 어떻게 적응해왔는지를 진화 단계에 빗대어 적어보았다. 기술을 하면서 결국 수업의 본질에 대한 고민이 더 깊어지는 경험을 했고, 이 점에서 진정한 수업은 무엇인지 내 나름의 생각을 썼다. 특히 7장 '미네르바 스쿨'에서는 대한민국의 학습관리체제LMS에 대한 건의를 교육부에 감히 해보았다. 하지만 국가적인 학습관리체제가 과연 타당한지 고민도 된다.

2부 〈온라인 수업 한복판에서, 교육의 본질을 생각하다〉 부분에서는 1부에서 얻게 된 결론을 좀더 확장했다. 특히 학교가 무엇에 집중해야 하는지에 대한 나의 의견을 컬링이라는 스포츠에 비유하여 제시했다. 이 과정에서 교사가 몰두해야 할 부분을 정리했다.

이 책은 2020년 대한민국 교육에 대한 한 수석교사의 솔직한 현장 사례집이다. 동료 교사들이 읽으면 공감이 되는 글일 것이고, 행정가들이 읽으면 교사들이 어떤 고민을 하고 있는지 파악해 정책을 꾸리는 데 조금이나마 팁을 얻을 수 있을 것이다. 아울러 교사들의 고민도 알 수 있을 것이다. 그리고 학교 밖의 다른 일반인들이 읽으면 사회의 영향을 온전히 받고 있는 학교가 무엇을 하는지, 어떤 고민을 안고 있는지 이해하는 기회가 될 것으로 믿는다.

코로나19를 함께 견디고 있는 풍산초 동료들에게 감사하다. 그 무섭다는 중2이지만 갱년기 엄마가 잔소리를 덜 하도록 알아서 자기 할 일을 잘 해주는 회윤이, 엄마가 눈을 너무 많이 쓴다는 걱정부터 건강 챙기라는 잔소리까지 하며 부은 발을 주물러주는 다연이가 있어 이런 코로나 상황에서도 책을 쓰는 용기를 얻었다. '대단해'를 연발하며 나를 맹목적으로 격려해주는 '남의 편'이 아닌 '나의 편' 기한 씨도 고맙다.

1부

코로나19의 쓰나미,
학교의 진화

코로나19가 가져온 수업의 진화

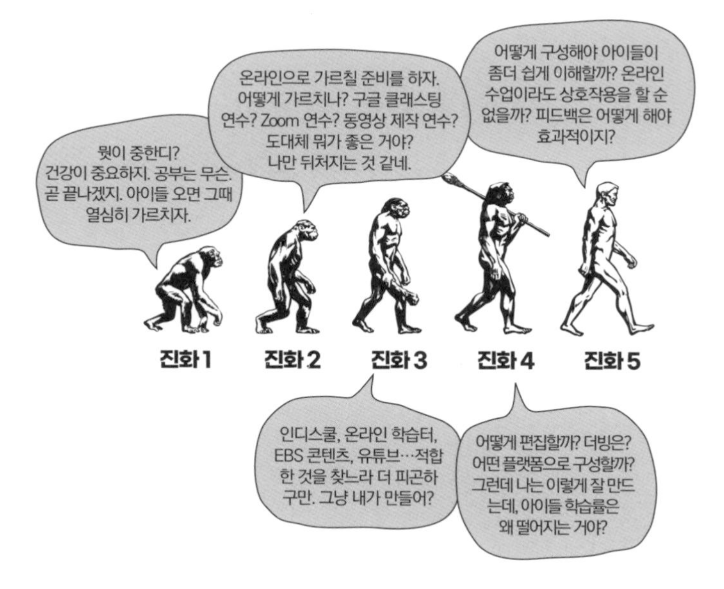

2020년, 언제 끝날지 모르는 코로나19의 상황이 시작되었다. 어느 순간부터 학교는 사회의 변화에 가장 민감하게 영향을 받는 장소가 되었고, 코로나19로 인한 다양한 변화는 학교를 휩쓸었다. 학교 전체의 방역, 긴급 돌봄교실의 운영, 등교 연기로 인한 온라인 수업과 오프라인 수업의 병행으로 인해 계속되는 교육과정의 수정 및 운영 등, 쓰나미처럼 몰

려온 코로나19의 여파는 학교에 민감하게 전달이 되었다. 무엇보다 사상 초유의 온라인 학습의 시작, 그로 인해 갑자기 다가온 디지털 플랫폼 및 도구를 활용하는 교육 역량의 요구는, 갑자기 다가온 미래 세계의 파도 속에 뛰어들라는 느낌이었다. 그 파도에 뛰어들지 말지에 대한 선택은 없었다. 그저 그 거대한 파도 속에서 다양한 온라인 도구들을 널빤지 삼아 살아남아야 했다. 그 널빤지의 크기는 각기 달랐다.

'Y세대(80년대생)'로 일컬어지는 신세대 교사들은 두려움 없이 온라인 툴들을 교육과 접목시켰다. 유튜버처럼 재미있고 여유있게 수업하는 교사들도 등장했다. 그들은 돛단배를 타고 순항했다. 그 돛이 어떤지는 모르겠지만 말이다. 그에 비해 나와 같은 'X세대(70년대생)', '베이비 부머(50~60년대생) 세대' 교사들은 파도 속에서 바둥대는 나날을 보냈다. 그나마 속성으로 마련한 플랫폼과 도구들에 매달려 살아남기는 했다. 온라인 학습이라는 바다의 쓴 물을 삼킬 때 그 물을 뱉어낼 사이도 없이, 더욱 다양한 파도 속에서 매달려야 할 널빤지를 계속 모아가기 시작했다.

그렇게 우리는 온라인 학습의 세계로 나아갔다.

01

진화 1단계 :
거부의 시대

뭣이 중한디? 건강이 중요하지. 공부는 무슨. 곧 끝나겠지. 아이들 오면 그때 열심히 가르치자.

2020년 1월 EBS의 〈다시 학교〉라는 다큐프라임을 시청하며 '배움의 본질'에 대해서 그야말로 '다시' 생각해보았다. '보이기식 활동 중심 수업'의 폐단, 수행을 평가한다는 학교의 요구에 과도한 결과물을 제작하느라 '막일'하듯 수행평가 제출 자료를 제작하고, 그러는 사이 배움과 멀어지고 있는 중등 학생들을 보며 많은 상념이 일었다. 그러면서 내린 나름의 결론은, 배움이 일어나는 수업은 지식을 활용하는 수업, 지적인 활동과 마음이 활발히 일어나도록 안내하는 수업이어야 하며, 이를 위해서는 교사의 깊은 교재연구와 세심한 안내, 그리고 배움을 장려하는 진정한 평가 및 피드백이 일어나야 한다는 것이었다. 수석교사로서 이 점을 선생님들과 공유하고 싶었다. 공허한 활동 중심 수업이 아니라 진정한 배움의 수업을 기획하고 실천하는 2020년이 되도록 하자고 말이다.

그러나 중국 우한 지역에서 시작된 코로나는 우리나라에까지도 옮겨와 서서히 우리의 일상을 바꾸어 놓기 시작했다. 학교에 아이들의 소리가 끊어졌다. 3월 2일의 기대감과 설렘은 없었다. 2월부터 준비한 교육과정은 다시 수정을 해야 했다.

아이들 등교가 중지되고 하염없이 기다리면서도 '아이들 건강이 중요하지. 이 시국에 공부는 무슨. 곧 끝나겠지. 아이들이 나오면 그때 빡세게(?) 가르치면 되겠지' 하면서 교육과정을 수정하며 아이들을 기다렸다. 하지만 오랜 방학 기간 동안 느슨해진 아이들의 학습에 대한 긴장감을 그래도 조금은 올려야 하지 않나, 하는 불안감도 있었다. 한편으로는, 이 기회에 아이들이 전

前학년에 못다 한 것을 보충하는 기회가 될 수도 있겠다고 생각했다.

교사로서는 2월 말 교육과정 및 새학기 계획으로 출근을 하다가 재택으로, 그렇게 3월 9일로 개학이 연기될 때까지는 짧은 휴식이라고 생각했다. 2월 말부터 우리를 분노케 한 '신천지 집단감염' 뉴스를 보면서 말이다. 학교 전체 장학 계획, 전체 학년 인성수업 계획, 전문적 학습공동체 연수 계획, 학교 상담실 운영 계획 등 부지런히 만든 것들을 몇 번씩 뜯어고치고 기안을 만들었다. 나뿐만 아니라 수석부장님들의 학사일정 및 교육과정 수정은 끝없이 계속되었다. 아이들이 학교에 올 줄 알고 미리 제본한 5, 6학년 인성교육 워크북 360여 권은 3월 말부터 주인을 못 찾고 교실에 놓여 있었다.

2, 3월 동안은 한 번도 경험해보지 못한 사태에 대한 당황과 곧 끝나리라는 기대가 번갈아 찾아들었다. 아이들이 오지 않은 학교에서 시험 삼아 온라인 e학습터에 학급을 만들고, 이것저것 자료를 내려받아 올리기 시작했다. 맨 처음에는 e학습터의 좀 허술한 자료들 중 그나마 나은 자료들을 찾아 올렸다. 하지만 너무 짧

고 내용이 부실했다. 인성교육에 대한 고민이 시작되었다. 인성교육 관련해서 온라인으로 학습이 가능한 부분을 보고, 우선 미덕에 관련된 것들을 기획하고 PPT를 만든 후, 집에서 반*캠으로 녹화를 해서 올리기 시작했다. 소리가 없이 녹화된 것을 모르고 계속 녹화를 하여 날린 적도 여러 번이었다. 내 목소리가 이상해서, 갑자기 말을 더듬어서, 매끄럽지 못해서 등등 다양한 이유로 녹화를 반복했다. 하지만 내가 만든 자료에 아이들이 비록 몇십 명이지만 참여하고 보는 것이 신기했다. 유튜버들이 이런 심정이겠거니 싶었다.

수석교사로서의 역할을 찾아야 했다. 선생님들에게 제작한 것을 드리면서 각 학급의 학습터에 올리도록 안내했다. 그러나 소리가 안 난다, 구동이 안 된다는 민원으로 AVI 파일과 MP4 파일이 다름을 배웠고, 용량 조절을 위해 신경 써야 한다는 것도 알았다. 모든 게 새롭고, 어렵고, 낯설었다. 하지만 곧 코로나 사태가 끝나 아이들이 금방 오려니 희망하며 쉬엄쉬엄 자료를 제작하고 녹화를 했다. 그러면서 긴급돌봄으로 등교하는 아이들을 마스크를 쓰고 지도하고 점심을 먹이면서 '아이들이 이렇게 그리울 줄이야' 생각도 했다. 답답해하는 4~5명의 아이들을 위해 점심시간 후 넓은 운동장에서 뛰어놀도록 했다. 아이들이 노는 것을 지켜보며, 학교는 곧 아이들로 채워질 것이고, 그때 열심히 가르치면 될 거라며 스스로를 위로했다.

02

진화 2단계 : 두려움과 당황의 시대

온라인으로 가르칠 준비를 하자. 어떻게 가르치나?
구글 클래스팅 연수? Zoom 연수? 동영상 제작 연수?
도대체 뭐가 좋은 거야? 나만 뒤처지는 것 같네.

2020학년도 단계적 온라인 개학 개요

학년		4. 6~8.	4. 9~10.	4. 13~15.	4.16~17.	4. 20~
고	3	휴업(3일)	적응기간	온라인 개학(4.9.~)		
	1, 2	휴업(7일)			적응기간	온라인 개학(4.16.~)
중	3	휴업(3일)	적응기간	온라인 개학(4.9.~)		
	1, 2	휴업(7일)			적응기간	온라인 개학(4.16.~)
초	4-6	휴업(7일)			적응기간	온라인 개학(4.16.~)
	1-3	휴업(9일)				온라인 개학(4.20.~)

※ 4. 6. 이후 각 학년별 휴업 기간은 법정 수업일수(수업시수)에서 감축 허용 [교육부 3. 31(화). 14시 보도자료]

4월이 되어도 코로나는 여전했다. 3월 31일, 교육부는 온라인 개학을 실시한다고 발표했다. 대한민국 학생 전체가 유급이 되지 않기 위해서는 수업일수를 이수해야 하고, 그것을 대면이 아닌 비대면 온라인 수업으로 하라는 매우 당황스러운 발표였다. 3월 말부터 여기저기서 실시간으로 진행이 되는 온라인 교실 수업 운영 관련 연수들을 줄기차게 들었지만, 이제 그것을 직접 운영해야 한다니 두려움이 앞섰다. 우리는 결정을 해야 했다. 학습관리시스템LMS 플랫폼을 무엇으로 정해야 할까? e학습터, 위두랑, EBS 온라인 클래스, 구글 클래스룸, 네이버 밴드, 클래스팅 등 다양한 플랫폼들 중 무엇으로 해야 할지 고민이 시작되었다.

'원격학습관리위원회'가 자주 열렸다. 플랫폼 선정도 중요하지만 수업자료 준비도 매우 중요했기에 플랫폼 선정으로 씨름할 시간이 없다는 절박한 심정으로, 어떤 플랫폼이 좋을까 고민하기 시작했다. 5학년인 딸아이의 학교는 위두랑이라는 학급 홈피를 활용하고 있었다. 하지만 소식, 모둠, 과제방, 전달사항, 사진·영상, 공유방으로 되어 있는 학급 카페 개념이 강했고, 무엇보다 접속의 불안정으로 다양한 학습 콘텐츠를 게시하기가 어려운 공간이었다. 중학생인 아들의 학교는 구글 클래스룸을 하고 있었다. 연수를 들으며 개인적으로 클래스룸을 개설해보았는데, 텅 비어 있고 많은 것을 교사 본인이 구축해나가야 하는 막강한 부담이 있었다. 흰 도화지 같았다. 어떻게 구성할지, 교사의 아이디어와 역량에 따라 다양한 자료를 올리고 피드백을 활성화하기에는 좋은 공간임에는 분명했다. 하지만 광야에 서 있는 느낌, 뭔가 채워야 할 것이 많은 공간에 대한, 하얀 도화지를 접하는 듯한 두려움이 느껴졌다. 무엇보다 시간이 없었다.

그래서 결정한 것이 e학습터였다. 종합선물세트처럼 강의자료를 올리는 공간, 게시판 공간, 피드백을 위한 쪽지글 공간, 이수 정도를 바로바로 알 수 있는 이수율 그래프, 무엇보다 접근하기가 쉽고 교육부에서 서버 증축 및 관리 등을 지속적으로 해줄 수 있을 거라는 기대까지 더해서 가장 적절해 보였다. 3월부터 자료를 만들고 올리고를 반복하면서, 눈과 손에 익은 것도 결정의 주요 요인이었다. e학습터의 자료들이 매우 부실하기는 하지만, 그것은 교사들이 제작을 하여 올리면 되었다. 물론 시간과 노력이 많이 들지만 말이다. 링크도 가능했다. 다행히 동료 선생님들이 호응을 해주었고 다른 학교와 달리 쉽게 결정이 되었다. 지금 생각하면 수업 콘텐츠를 구성할 플랫폼을 어서 선정해야 한다는 조급한 마음에 오지랖을 과하게 부릴 용기가 났던 것 같다.

주변 동료들의 말을 들어보니 다른 학교에서는 플랫폼 선정과 관련하여 갈등들이 꽤 있었다. 학교마다 여건이 다르고 교사들의 역량과 바람도 다르니 당연한 현상이었다. 무엇보다 교육과정 전반을 다루는 연구부장과 새로운 온라인 구축을 주도적으로 해나가야 하는 정보부장의 역할이 많이 겹쳐 있었다. 그러다 보니 한 번도 겪어보지 못했던 온라인 학습 운영 관리라는 거대한 일을 놓고 일을 딱 떼어서 나누기가 애매해서 업무가 왔다갔다 했다. 당황스러움과 두려움은 교사 자신은 물론 교사들 간에도 많은 갈등을 가져왔다. 그나마 우리 학교처럼 하나의 플랫폼으로 통일을 하고 그 틀에서 다양성을 추구하는 스타일도 있지만, 고학년은 Zoom,

중학년은 클래스팅으로 운영하거나 아예 학년마다 플랫폼이 다른 학교도 있었다. 심지어 교사들의 역량에 따라 학급별로 각자 선택해서 운영하도록 하는 학교도 있었다. 갑작스런 상황에서 학급별로 비교가 되면서 학부모들의 민원이 시작되었고 교사들의 스트레스는 매우 클 수밖에 없었다.

교육부 발표는 '온라인 학습'이라는 폭탄 선언이었고, 그 수습은 교사들의 몫이었다. 가정의 IT 기기조차 학교가 챙겨주어야 하는 상황이었다. 다행히 우리 시에서는 학교의 태블릿과, 모자라면 교육청에 신청하여 학습기기를 대여해줄 수 있었다.

2학기 초에도 그랬지만, 4월에도 실시간 쌍방향 수업에 대한 고민은 우리 학교에서도 있었다. 특히 우리가 선택한 플랫폼은 콘텐츠형이어서 학습자료가 일방적으로 제시되고 아이들이 자율적으로 들어야 하는 상황이었다. 따라서 아이들의 학습을 어떻게 점검할 것인지, 온라인 학습인데 등교 수업처럼 지각, 결석 처리 등을 어느 수준까지 허용해야 하는지 고민하며, 학교의 규정들을 하나하나 점검하고 수정해나갔다.

쌍방향 소통 수업을 위해 Zoom을 활용하는 수업도 논의가 되었지만, 교육부 장관이 시도의 정보 활용 교육으로 유명한 대표 교사들과 Zoom으로 회의를 하다가 끊어졌다는 소문부터 아이들의 접근성, 초상권 침해 등 많은 우려가 있어 선택하기가 어려웠다. 결국 e학습터 게시판에 '아침열기'를 만들고 학생들이 출첵(출석체크) 글을 달면 그것을 확인하거나 답변을 달아주는 것과 실시간으로 뜨는 아이들의 이수율을 확인하는 것으로 결론이 났다. 세부적으로 결석 처리는 어떻게 하고, 출석 확인 및 이수 확인은 언제, 어떻게 해야 하는지 등 여러 사안으로 회의는 반복되고 길어졌지만 다행히 의견은 조율이 되었다.

e학습터는 아이들의 접근성이 좋고, 출석체크가 쉽다는 점, 게시판으로 공지를 할 수 있고, 그나마 쌍방소통의 쪽지가 있다는 점, 무엇보다 자료를 쉽게 올릴 수 있는 장점도 많아서 나름 만족을 했다. 그러나 콘텐츠가 문제였다. 결국 교사가 본격적으로 제작을 해야 하는 상황이었다. 다행히 이런 자료 제작 등에 어려움이 없고 아이디어가 출중한 부장님의 힘을 빌었다.

'BTS 아미 활동'으로 다져졌다는(아미는 아니지만 '정국 팬'이라고 늘상 말하는) 선생님의 농담 반 진담 반 이야기를 들으며 그 선생님을 강사로 하는 연수를 진행했다. 자료 제작, 더빙 방법, 효과적으로 자료를 올리는 방법 등에 대해서 컴퓨터실에서 더듬더듬 따라하며 운영의 두려움에서 벗어나려고 모든 교사들이 집중했다. 가끔 형식적이고 이수를 해야 하니까 편안하게 들었던 예전 연수와는 많이 달랐다. 익히지 못하면 당장 온라인 학급을 운영할 수 없으니, 그야말로 긴장감을 갖고 초집중할 수밖에 없는 순간이었다. 아울러 저작권 침해와 관련해서 정보부장의 연수도 함께 했다. 이런저런 자료를 끌어내어 녹화하기도 버거운데, 저작권에 걸릴 수 있으니 조심해야 할 것은 왜 이리도 많은지 피곤하기만 했다.

이런 사태가 벌어질 줄 모르던 1월 초에, 전문적 학습공동체 주제를 '미디어로 수업에 날개 달기'로 잡았는데, 이렇게 연수 주제와 실천이 맞아 떨어지는 것이 신기했다. 수석교사로서 무엇을 해야 하는지 생각해보게 된 순간이었다. 많이 알고 테크닉이 뛰어나 그것을 전달하고 알려주는 역량도 좋겠지만, 이런 분야에 역량이 뛰어난 동료를 발굴하여 재능을 나누도록 옆에서 격려하고 자리를 마련하는 것도 수석교사의 역할임을 새삼 깨닫는 순간이었다. 교육청이나 연수원에서 개최하는 온라인 학습을 대비한 다양한 연수들도 공문으로 열심히 확인하며 정리하여 지속적으로 안내했다.

나 또한 열심히 따라가서 배우고 시도해보려 했지만, 관성을 깨는 것은 당연히 고통스러웠다. 무엇보다, 다양한 플랫폼과 툴을 선도적으로 소개하고 안내하는 연수들을 들으면 들을수록, 아날로그인으로서 자신감 하락을 넘어 열등감으로 마음이 불편했다. 항상 수업 속에서 아이들과의 실존적인 소통과 관련된 것을 고민하던 내가 갑작스럽게 온라인 학습을 위한 툴들을 자유롭게 다루어야 하는 상황이고 보니, 처음에는 당황을 넘어 공황 상태의 나날이었다.

보름 남짓한 기간에, 아날로그 교사들이 디지털 기기, 인터넷 학습 플랫폼, 툴 등을 익숙하게 다루어야 하는, 단기 속성으로 온라인 역량강화를 요구받는 상황에서 대부분의 교사들은 당혹감, 좌절감, 열등감 등에 사로잡힐 수밖에 없었다. 이래서 교육청에서 선도교사가 거론되고 있는가, 수석교사로서는 도대체 무엇을 해야 하는가…… 고뇌의 나날이었다. 온라인 수업에 관한 역량의 부족이 스트레스가 되면서 수석교사직을 내려놓아야 하는가 생각할 정도였다. 나와 같은 기분을 갖는 선배 교사들의 고군분투가 전해지기도 했다. 명예퇴직을 생각하는 교사들도 늘었다.

하지만 이렇게 지내고 보니, 모르는 것은 모른다고 터놓고 말하고 탁월한 동료들의 도움을 적극적으로 찾아서 받는 것도 용기이고 배움의 시작이라는 생각이 든다.

"아는 것을 안다고 하고 모르는 것을 모른다고 하는 것, 이것이 앎이다."

공자가 제자인 자로에게 하신 말씀이다. 심오한 의미가 담긴 말씀이지만, 내 상황에서는 자신의 앎의 범위와 수준을 스스로 점검하고, 스스로 배우려고 하는 자세의 중요함을 말하는 것이려니 막연히 해석할 따름이다. 교사는 가르치는 사람이면서 '배우는 사람'이다. 배우기 위해서는 낯선 새로운 것을 받아들이고 배우려는 열린 마음, 용기와 노력이 필요하다. 여기에 더해 그 경험을 통해 비판적으로 활용할 수 있는 여유, 무엇보다 온라인 학습의 흐름 속에서 교사로서의 나를 잃지 않는 자존감도 필요하다.

4월 16일, 드디어 온라인 수업이 시작되었다. 4월 16일은 여러모로 생각이 많아지는 날이다. 개인적으로 남편과 처음 만난 날인데, 공교롭게도 꽃보다 귀하고 아름다운 우리 아이들이 차가운 바닷속으로 사라진 우울하고 고통스러운 날이기도 하다. 명明과 암暗이 공존하는 날짜이다. 남편을 처음 만난 2005년 4월 16일은 신촌역에 검은 재킷과 검은 바지를 입고 아무 생각 없이 나갔던 날이었다. 그 사람과 윤중로의 벚꽃놀이를 보러 갔다가 인파에 놀라서 선유도로 갔던 기억이 있다.

나름 의미있는 날이었는데, 지금은 세월호 사건이 그 추억을 덮어버린 것 같다. 2014년 4월 16일, 나는 에니어그램 강의를 하느라 부천에 있었다. 강의 1부가 끝나고 쉬는데, 강의를 듣던 선생님들이 수런수런 말이 많아지고 큰일이 났다며 스마트폰으로 뉴스를 보기 시작했다.

“애들이 탄 배가 뒤집혔대요.” “뭐요?” “전원 다 구조되었다네요.” “아, 그래요? 정말 다행이다!”

이런 뒤숭숭한 분위기 속에서 강의 2부를 시작했다. 그런데 시작하자마자 심각한 얼굴로 “구조된 게 아닌 것 같아요……” 하며 몇 명의 교사들이 자리를 뜨고 분위기가 어수선해졌다. 어떤 정신으로 강의를 마무리했는지, 나를 초빙한 담당 선생님의 진지하고 열정적인 눈빛에 힘입어 간신히 마무리를 하고 차에 올랐다.

뉴스를 틀고 가는데 안 좋은 소식들이 들려왔다. 아직 명확히 밝혀진 것도 아닌데 운전을 하는 중에 갑자기 눈물이 쏟아졌다. 고속도로를 달리는 중이라서 핸들에서 손을 뗄 수 없어 눈물을 닦을 휴지를 찾을 수도 없었다. 윗옷을 적실 정도로 눈물을 뚝뚝 흘리면서 운전을 했던 기억이 지금도 생생하다. 얼마나 차가울까, 얼마나 무서울까……. 갖가지 상상과 이상한 예감에 몹시 가슴이 아팠다. 엄마가 되어 보니 남의 자식도 소중하다는 것을 더 알게 되는 것 같았다.

그리고 2020년 4월 16일, 교실이 아닌 인터넷에 교실이 꾸려지는 초등 온라인 학습이 시작되었다. 가는 날이 장날이라고, 첫 온라인 수업일은 모두가 당황스러운 날이었다. e학습터에서 교사와 학생들이 접속이 안 되거나 튕겨 나가는 것이었다. e학습터 가입을 위해 몇 주 동안 학부모에게 독려하면서 가입을 시켰고, 다양한 수업자료를 게시해왔다. 아침열기 게시판에 아이들이 출석체크를 위해 계속 시도하려고 해도 안 되니 학교로 전화가 빗발쳤다. 결국 학교 알리미로 첫날 수업은 오늘 내로 들으면 되니 오후에 들어가도록 안내를 하였다. 서버 과부하로 인해 일어난 일이었다. 오후 들어 접속이 되기는 했는데, 교육부에서는 예상을 못 했었는지 안타까웠다. 세계적인 IT강국이라는 말이 무색하게 느껴지는 하루였다.

며칠 후에는 알리미가 접속이 안 되고, 또 며칠 후에는 자가진단 시스템에 접속이 안 되었다. 그럴 때마다 문의와 불만의 전화는 학교로 몰리고, 학부모의 당황스러움과 그로 인한 분노는 학교가 떠안아야만 했다. 온라인 수업이라는 융단폭격에 학교는 최전방에서 전략을 짜고 실행하는 역할로 긴장의 연속이었다.

03

진화 3단계 :
가공과 제작의 시대

인디스쿨, 온라인 학습터, EBS 콘텐츠, 유튜브……
적합한 것을 찾느라 더 피곤하구만. 그냥 내가 만
들어?

4월, 교육부는 온라인 수업을 시행한다고 전격 발표했다. 교육부의 개봉박두식 발표 후, 젊고 유능한 교사들의 온라인 자료들이 하나하나씩 소문을 타고 공유되기 시작했다. 이렇게 유능한 교사들이 어디에 있었는지, 각 교과별로 전문성을 가진 선생님들의 동영상 자료가 게시된 사이트가 유용하게 다가왔다. 유튜브, EBS 콘텐츠, 인디스쿨 등 다양한 플랫폼에서 다양한 자료들이 공유되었다. 수업자료를 온라인으로 제작해 본 경험이 전무한 나와 같은 대부분의 교사들은 '디지털 유목민'처럼 다양한 인터넷 자료들을 찾아 헤맸다.

그러나 그야말로 풀 많은 초원을 찾는 것이 쉽지 않은 유목민처럼, 좋은 자료를 찾는 것이 쉽지 않았다. 자료를 찾는 과정에서 내가 지금 가르치고자 하는 내용과 맞는지 비교하며 동영상들을 확인하고, 자료를 수집하다 보면 하루가 꼬박 걸렸다. 한 과목을 맡은 전담교사로서도 어렵지만, 여러 과목을 맡아서 온라인 콘텐츠를 구성해야 하는 담임교사 입장에서는 힘든 나날이었다.

초등은 교과목이 많아서 동료 간에 서로 과목을 분담하고 나누어 제작하다 보니 자연스럽게 동학년(같은 학년)이 뭉치는 계기가 되었다. 그러나 동학년이 서로 맞지 않으면 또 다른 스트레스로 작용을 하였다. 어떤 선생님은 자료를 제작하는 과정에서 적극적으로 자신을 드러내며 수업을 구성하는 반면, 어떤 선생님은 드러나는 것에 강한 거부감을 갖기도 하여 이를 조율하는 것이 쉽지 않았다. 하지만 과목이 많았기에 동학년이 서로 수업내용에 대한 협의 후, 과목을 나누어 자료를 찾는 것은 매우 효율적이었다. 코로나 상황이라 전체 회의는 줄고, 동학년별로 수업연구 공동체로서 더 뭉치는 계기가 되었다.

초반에 자료를 찾아 헤매다가 문득, 이것들을 재가공하거나 그냥 내가 만드는 것이 더 빠르지 않을까 하는 생각이 들었다. 적합한 것을 찾아 검색하고 검토하는 과정이 더 어려웠다. **캠, *캠 등등 '캠' 자가 들어가는 도구나 윈도우 자체에 있는 녹화기능, 구글에서 제공하는 녹화도구 등을 활용하여 녹화하기 시작했다. 녹화 자체의 시간도 많이 걸렸다.

하지만 더 시간이 걸린 것은 녹화를 할 때 쓸 수업자료의 구성이었다. 나의 경우는 가르칠 내용을 교사용 지도서를 보며 프레젠테이션 도구로 구성을 한다. 넣을 영상도 슬라이드에 링크를 거는 것보다 동영상에서 중요한 3~5분 정도를 수업과정 녹화를 할 때 같이 넣어 아이들이 쉽게 들을 수 있도록 했다. 이렇게 구성을 하는 과정이 생각보다 오래 걸렸다. 아이들이 클릭 한 번으로 쭉 듣기만 하면 되게끔 편의를 주기 위해서는 교사가 더 품을 들여야 했다. 구성이 세밀할수록 녹화시간이 길어졌다. 한 차시, 10여 분 분량을 녹화하기 위해 짧게는 꼬박 4시간, 길게는 하루 내내 걸리는 상황이 계속 이어졌다.

학교와 집이 분리가 안 되고 주말에도 제작은 계속되었다. 용량을 줄이는 노하우, 교사의 목소리가 아닌 더빙을 활용하는 방법, 적절한 시간 배분, 다양한 아침열기 및 수업 안내 방법 등 매일매일 새로운 노하우를 공유하며 시간을 단축해갔지만, 고민의 시간만큼 제작의 시간은 오래 걸렸고, 서서히 소진되는 느낌이 들기 시작했다.

이런 와중에 '학교는 무엇을 하고 있는가?' '교사들은 놀고 있는데 무슨 월급을 받는가?' 등 사정을 모르는 온라인 무법자들의 공격을 받기도 했다. 코로나로 인해 경제가 큰 타격을 받고, 직업을 잃은 사람부터 삶이 팍팍해진 사람들이 많아서인지, 그 분노가 상대적으로 안정적인 공무원, 교사들에게 향하는 느낌이었다. 어느 날은 잔뜩 목이 잠겨서 뜨거운 물을 마셔가며 밤 12시에 녹화를 하는 내 자신을 발견했다. 헤드셋을 쓰고 중얼거리며 녹화를 하는 내가 문득 낯설고, 유튜버

유튜브 업로드 수업 녹화자료

업로드 실시간 스트리밍

필터

동영상	공개 상태	제한사항	날짜 ↓
17:37 [illegible] 설명 추가	[illegible]	[illegible]	[illegible] 업로드 날짜
10:19 5학년미술 2단원 4차시 디자인과정 2 설명 추가	비공개	아동용	2020. 5. 12. 업로드 날짜
12:28 5학년미술 2단원 3차시 디자인과정 1 설명 추가	비공개	아동용	2020. 5. 12. 업로드 날짜
15:26 5학년 인성 기린의 귀로 듣기 설명 추가	비공개	아동용	2020. 5. 12. 업로드 날짜
12:45 기린의 귀로 들어요 설명 추가	비공개	아동용	2020. 5. 8. 업로드 날짜
14:16 6학년 진로교육3 설명 추가	비공개	아동용	2020. 5. 8. 업로드 날짜
18:49 6학년 진로교육2 설명 추가	비공개	아동용	2020. 5. 8. 업로드 날짜
14:44 6학년 진로교육 설명 추가	비공개	아동용	2020. 5. 8. 업로드 날짜
10:07 미술4 조형요소바꾸기인3 설명 추가	비공개	아동용	2020. 4. 21. 업로드 날짜

가 되어가는 것 같았다. 언제까지 이런 작업을 계속해야 하는 걸까, 하는 회의가 들기 시작해도 당장 수업이 코앞이라 어떻게든 자료를 올려야 했다.

수석교사로서 내가 맡은 과목이나 영역을 선생님들이 부탁하는 날짜에 맞춰 미리미리 녹화자료를 게시하는 것이 수업 지원의 주 업무가 되었다. 그러다 보니 일주일에 몇 개씩 올리면서, 시간과 노력을 많이 들인 이 자료들을 그냥 사장하는 것이 왠지 아까웠다. 어떻게 공유를 할까 고심하다가 〈마음별두드림 도덕인성상담교과연구회〉 카페에 공유하기 시작했다. 회원수가 250명이 넘으니 누구든 들어와서 동영상을 활용하길 바랐다.

온라인 학습체제가 되면서, 인터넷 툴을 좀더 유심히 보게 되고, 아이들에게 해롭다고 걱정하던 유튜브를 적극 활용하게 되는 내 자신을 보며 모든 게 변해가고 있구나, 하는 묘한 기분이 들었다. 오프라인 세계도 아직 탐험 중인데, 온라인 세계에 입성하여 탐험하고, 자료를 캐고, 가공하고, 다시 만들고 하는 일련의 과정에 점점 익숙해져가는 내가 보였다. 아이들이 좋아하는 마인 크래프트처럼, 교사들은 수업자료 크래프트를 하고 있는 것이다. '데이터 마이너'라는 직업이 있다는데 교사들은 어느덧 이 체험 또한 하고 있다.

최신글 보기 인기글 보기 이미지 보기 동영상 보기

2020 3-6학년 도덕과 수업 동영상

소개글을 넣어주세요.

새글 0/31 공지감추기 목록 20개

	제목	글쓴이	작성일	추천	조회
안내	이 게시판은 정회원이상 읽기 가능합니다.				
33	6학년 4단원 공정한 생활 4차시	이보경	20.10.12	0	3
32	6학년 4단원 공정한 생활 3차시	이보경	20.10.12	0	1
31	6학년 4단원 공정한 생활 2차시	이보경	20.10.12	0	1
30	6학년 4단원 공정한 생활 1차시	이보경	20.10.12	0	1
29	5학년 4단원 밝고 건전한 사이버생활 4차시	이보경	20.10.12	0	0
28	5학년 4단원 밝고 건전한 사이버생활 3차시	이보경	20.10.12	0	0
27	5학년 4단원 밝고 건전한 사이버생활 2차시	이보경	20.10.12	0	0
26	5학년 4단원 밝고 건전한 사이버생활 1차시	이보경	20.10.12	0	0
25	4학년 도덕 3단원 아름다음 4차시: 2편	이보경	20.07.21	0	2
24	4학년 도덕 3단원 아름다음 4차시: 1편	이보경	20.07.21	0	2
23	4학년 도덕 3단원 아름다음 2차시	이보경	20.07.21	0	0
22	4학년 도덕 3단원 아름다음 3차시	이보경	20.07.21	0	2
21	4학년 도덕 3단원 아름다음 1차시: 2편	이보경	20.07.21	0	1
20	4학년 도덕 3단원 아름다음 1차시: 1편	이보경	20.07.21	0	1
19	3학년 도덕 3단원 가족의 화목 4차시	이보경	20.07.21	0	2
18	3학년 도덕 3단원 가족의 화목 3차시	이보경	20.07.21	0	1

최신글 보기 인기글 보기 이미지 보기 동영상 보기

2020 미술 온라인수업동영상

온라인 자료가 필요하신 분들을 위한 방. 동영상제작자료로 링크가능. 평가댓글바랍니다

새글 0/14 공지감추기 목록 20개

	제목	글쓴이	작성일	추천	조회
안내	이 게시판은 정회원이상 읽기 가능합니다.				
14	미술 4학년 3단원 느낌과 생각대로 (3,4차시)	남영분	20.05.13	0	6
13	미술 4학년 3단원 느낌과 생각대로 (3,4차시)	남영분	20.05.13	0	2
12	미술 5,6학년 디자인(구상한 디자인 실제로 만들기)	이보경	20.05.13	0	0
11	미술 5,6학년 디자인 5차시(생활용품 디자인을 위한 창의적 사고과정)	이보경	20.05.13	0	10
10	미술 5,6학년 디자인 4차시(디자인의 과정, 나만의 아이디어 구상하기)	이보경	20.05.13	0	0
9	미술 5,6학년 디자인3(디자인은 어떻게 시작되는가)	이보경	20.05.13	0	4
8	미술 5,6학년 디자인2 나만의 의자 디자인하기	이보경	20.05.04	0	2
7	미술5,6학년 디자인1 똑똑한 디자인의 세계	이보경	20.05.04	0	7
6	미술 5,6학년 조형요소를 활용하여 내 프로필 화면 구성하기	이보경	20.05.04	0	3
5	미술 5,6학년 조형요소1 강아지 표현으로 조형요소 찾기	이보경	20.05.04	0	4
4	미술 3,4학년 조형요소4 바꾸기	이보경	20.05.04	0	9
3	미술 3-4학년 조형요소3 발견하기	이보경	20.05.04	0	0
2	미술 3-4학년 조형요소2 표현하기	이보경	20.05.04	0	10
1	미술 3-4학년군 조형요소 교육1(조형요소 찾기)	이보경	20.05.04	0	4

제작한 자료들에 대한 공유

04

진화 4단계 :
새로운 고민의 시대

> 어떻게 편집할까? 더빙은? 어떤 플랫폼으로 구성할까? 그런데 나는 이렇게 잘 만드는데, 아이들 학습률은 왜 떨어지는 거야?

여러 연수를 들으면서 기술적으로는 조금씩 자신감이 붙는 느낌이었다. 연수를 들으며 하나하나 더듬더듬 익혀 나가는 것이 재미있기도 했다. Y세대 선생님들의 놀라운 온라인 활용 역량을 따라가는 것은 여전히 버거웠지만, 그들이 열 가지를 말할 때 내가 할 수 있는 서너 가지를 따라 하면 되겠다고 욕심을 내려놓으니 가벼운 마음으로 연수를 들을 수 있었다. 들은 것을 적용해

보면서 영상을 제작해 나갔다. 영상, 소리 등등 현란한 자료들, 재미있는 자료들이 e학습터에 올라갔고, 아이들이 잘 시청하고 학습하리라는 기대감으로 더 열심히 올렸다.

어느 정도 제작이나 재가공이 익숙해지니, 아이들의 학습에 대한 점검에 눈을 돌리게 되었다. 우리 학교에서는 4월에 처음 시작할 때부터 배움노트를 쓰도록 안내를 하고, 학습내용을 기록해 가도록 했다. 딸아이 학교의 경우는 저학년 때부터 배움노트 쓰기가 학교의 역점사업이라 익숙하게 써 나가는 것을 보면서, 습관의 힘이 크다는 것을 깨달았다. 메모의 힘과 방법에 대해서 세바시의 이재영 교수의 강의를 바탕으로 가공 및 제작을 해서 동료 선생님들께 공유했다. 그러나 배움노트는 교사가 일주일에 한 번밖에 볼 수 없는 것이 문제였다.

e학습터에 아이들의 각 과목, 각 차시에 대한 진도율이 나오기는 하지만, 클릭만 하면 진도율이 100퍼센트로 뜨니 학생들이 내용을 제대로 수강했는지 알 길이 없었다. 그래서 구글 설문지나 네이버 설문지 등을 활

용하여 아이들이 작성한 것을 기반으로 얼마나 이해했고, 열심히 참여했는지 확인할 수 있었다. 그러나 문제는 열심히 듣는 아이들은 계속 열심히 듣고, 안 듣는 아이들은 계속 안 듣는 상황이 벌어졌다. 담임선생님들은 아침이 되면, 아침열기로 그날의 학습 안내를 하고, 아이들은 등교했다고 댓글을 남기는데, 이 댓글도 점점 줄어들기 시작했다.

코로나로 인해 갑자기 찾아와버린, '자기주도학습'. 문제는 초등 1학년에서 대학생까지, 거기에 각 단계별 학생들의 성향 및 개인별 수준, 집안 환경과 상관없이 강제적인 '온라인 자기주도학습'이 일방적으로 요구되는 상황이었다. 어느 정도의 기초학습 습관이 있어야 자기주도학습이 되는 것인데, 특히 1학년 아이들은 최소한의 틀과 규칙을 배우기도 전에 자기주도학습으로 내몰렸다. '자기주도학습'이 아닌, '자기 맘대로 학습'으로 학습을 포기하는 듯한 아이들이 늘어나기 시작했다.

온라인 학습과 오프라인 학습이 병행되면서(안타깝게도 일주일에 한 번 등교가 계속되고 있었지만) 이런 현상은 조금 잡힐 수도 있었겠지만, 5일 중에서 4일이 '자기 맘대로 학습'이고, 단 하루가 등교 학습이니 쉬운 상황이 아니었다. 한번은 1학년 어떤 아이가 오지를 않아서 전화를 했더니, 집에서는 아까 출발했다고 한다. 뒤늦게 나타난 아이 말이, 오다가 꽃을 따느라 늦었다고 한다. '지각 대장 존'과 같은 아이들이 학년에서 한두 명 있을 수 있다. 그러나 이런 현상이 한 학급이 아닌 여러 학급에서 나타나고 곧바로 올바른 행동을 안내해주는 데 한계가 있었다.

아이들에게 가르칠 규칙에는 시간준수만이 아닌 학급 내 친구들을 대하는 태도도 해당이 된다. 저학년의 경우에는 맘대로 일어나서 돌아다니거나 의자 위로 올라가고, 이상한 소리를 내며 주변 사람들을 괴롭히는 행동들이 꽤 있다. 선생님을 독점하여 대하려는 것, 친구들을 치거나 때리고 밀치는 행동 등 잘못된 행동을 하지 않도록 하나하나 알려주고 올바른 행동을 체득하도록 하는 사회 규범과 관련된 교육의 시간이 절대적으로 부족했다.

이 상황에서 더 안타까운 것은, 이런 아이의 행동에 대해서 학부모와 동맹관계를 맺어 풀어나가려고 하는

데, 일주일에 한 번 등교인지라 교사와 아이, 교사와 학부모의 상호협조가 형성되지를 못했다. 그러다 보니 아이의 성장을 함께 고민하자는 의도로 아이의 행동을 지적하면, 아이를 잘 이해하지 못한다는 불만을 터뜨리며 최신의 교육(발도로프 교육 등)을 받기 위해 전학을 가겠다고 교사를 가르치고 충고하려는 학부모들이 가끔 있었다. 참 안타까운 일이다.

이런 직접 교육의 기회가 사라진 자리이지만 그래도 묵묵히 온라인 학급을 구축하면서, 더 재미있게, 더 화려하게 만들면 아이들이 더 잘 들을 줄 알았다. 그러나 아이들의 수강률은 떨어지기 시작했다. 문득, 아이들의 입장에서 생각해보았다. 집에 있는 딸아이도 1학기 말이 되니, "온라인 수업 지겨워. 어서 학교 가고 싶어"라는 말을 했다. EBS의 20분짜리 영상 몇 개도 척척 듣는 아이였는데, 화면에 나오는 재미있는 동영상도 그 재미가 한계가 있었다. 우리는 아이들이 영상을 보며 배울 거라고 막연히 생각하지만, 영상을 보는 것일 뿐 배움은 없고, 소통 대신 침묵으로, '배우는 척하는' 상황으로 몰린 것이다. 이런 상황에서 서로의 수업을 점검하는 '쉼'과 '성찰'이 필요했다.

'동료장학'이라고 불리는 수업 컨설팅을 진행했다. 역시나 마스크를 쓰고 만났다. 온라인 학습체제가 되면서 동료장학 및 수업나눔을 학년별로 각자의 제작 동영상에 대한 브리핑과 상호협의로 가닥을 잡아 진행했다. 동학년, 교장, 교감, 수석교사가 마스크를 쓰고 서로 거리두기를 하며, 선생님들이 최선을 다해 만든 자료들을 보았다. 어떤 분은 잘 만들어진 내용을 거의 차용하여 재가공했다고 솔직하게 말씀하셨다. 그러다 어떤 6학년 선생님이 올리신 수업 동영상의 초반에 나온 멘트로 순간 웃음바다가 되었다.

"여러분, 매일 이렇게 온라인 강의 듣느라 힘들지요? 하지만 선생님은 여러분이 보고 있는 이런 자료들 만드느라 힘들어서 죽을 것 같아요."

선생님의 진심이 어떤 것인지 느껴졌고, 한마디로 '웃픈' 감정이었다. 화면을 보고 설명하는 선생님이나 화면을 몇 시간이고 뚫어져라 보며 배우는 학생이나 고통인 것은 매한가지였다. 선생님들의 브리핑을 들으면서, 학생과 같은 입장에서 동영상을 바라보게 되었다.

교사인 나도 원격연수를 들을 때, 갈수록 동영상에 집중을 못하고 딴짓을 하고 있는 내 자신을 발견할 때가 많다. 아이들도 마찬가지가 아닐까 싶었다. 그것도 재미있는 애니메이션도 아니고 처음 듣는 학습내용들이 제대로 귀에 들어올까? 아는 내용인데도, 5~6명 선생님들의 브리핑을 들으니 어떤 주제로 이야기를 할까 고민하며 듣는데도 은근히 피곤해졌다. 아이들도 꼬박 이렇게 앉아서 들을 텐데 얼마나 지루할까, 활동적인 아이들은 얼마나 좀이 쑤실까 새삼 느껴졌다.

전학년, 전교사의 수업나눔 후, 아이들 입장에서의 여러 가지 대안들이 나왔다. 우선 동영상의 길이이다. 수업자료를 여러 가지 방법으로 만들고, 그것을 녹화하다 보면 길어지기 일쑤이다. 그러나 아이들 입장에서는 집중할 수 있는 한계점이 있다. 아니, 너무 긴 동영상은 어느 학년이건 힘들다. 적절한 지점은 10분 내외라는 협의에 이르렀다.

아울러 10분의 동영상이라도 고화질의 동영상 자료들이 들어가다 보면 용량이 커져서 시청할 때 버그가 날 때가 많았다. 그래서 만든 수업 동영상을 카톡이나 유튜브에 올렸다가 내리면 신기하게도 용량이 줄어들었다. 카톡으로 녹화한 동영상을 올렸다가 내리면 1/3 정도로 줄었고, 유튜브는 최대 1/10까지 줄어드는 놀라운 결과를 가져왔다. 그래서 녹화 후 올렸다가 내리는 과정, 대문으로 쓸 썸네일 준비 등, 완성된 수업을 올리는 데도 소소한 품이 많이 들었다. 어떤 방법으로든 시간과 용량을 줄여 핵심적인 것을 전달하려는 것이 관건이 되었다.

둘째로 녹화의 목소리였다. 누구든 그렇겠지만, 내 모습이나 목소리를 내가 보고 듣는다는 것은 참 어색하고 낯설다. 스스로 생각하기에 못 들어주겠다는 생각까지 든다. 그래서 더빙 툴을 이용해서, 각 슬라이드마다 설명 내용을 타이핑하고 그것을 더빙된 목소리로 녹화해서 자료를 올렸다. 이 작업도 만만치 않았다. 부드럽고 은은한 목소리지만, 계속 듣고 있으면 나른해지면서 잠이 온다. 주변 아이들의 말을 들으니, 선생님의 목소리가 더 좋다고 한다. 좀 투박할 수도 있고, 발음이 꼬일 수도 있고 더듬을 수도 있다. 하지만 아이들은 매끄러운 기계음보다는 교사라는 실존의 목소리를 듣고 싶어 했다.

모 종편에서 책에 대해서 소개하고 토론하는 프로그램이 있다. 그곳에 패널로 등장하는 역사 강사가 책의 내용을 쭉 설명해주는데, 나도 모르게 빠져들고 그 책을 읽고 싶다는 생각을 갖게 되었다. 그 사람의 보이지 않는 많은 노력이 있겠지만, 집중을 하며 온 마음으로 감정을 담아 전하는 그 능력은 탁월했다. 크게 작게, 강하게 부드럽게 여러 톤과 억양으로 전달하는 그 사람의 목소리를 듣다가 나의 밋밋한 목소리를 들으면 비교가 부끄러울 정도이다. 하지만 아이들은 내가 아는 사람의 친근한 목소리, 인간다움이 묻어나는 목소리를 좋아했다. 이런 결과로 클** 더빙을 과감히 포기하고 교사의 목소리로 녹화를 시작하도록 권했다.

아울러 온라인 학습터이지만 그냥 본 내용만 올리는 것보다는 수업의 전·중·후가 있듯이 소개 이미지 하나, 동영상 본차시 하나, 정리(수업 후 활동)라는 3단계로 구성할 필요가 있음을 논의하였다. 인트로도 없이 달랑 영상 하나 올라와 있는 것이 뭔가 아이들에게는 동기유발도 안 되고, 체계도 없이 느껴질 것이다.

그러나 화려한 수업, 노력이 잔뜩 묻어 있는 영상들에도 불구하고 아이들이 지쳐가는 것을 느끼며, 뭔가 중요한 것을 놓치고 있다는 생각이 들었다. 아무리 수업자료가 멋지게 제작되어도 아이들이 보는 콘텐츠는 단방향이고 일방적이다. 가르침이 있으면 배움이 있어야 한다. 교사가 가르치며 배우길 원하는 것을 아이들이 습득했는지 확인해야 한다. 즉 배움의 확인과 피드백에 대한 생각이 마음속에서 꿈틀댔다. 어느덧 일방적인 수업 게시자가 아닌, 온라인의 한계를 뚫고 협력과 소통, 상호작용을 기획하는 연결자의 역할을 생각해야 하는 진화의 단계로 이동하기 시작했다.

05

진화 5단계 :
수업의 본질을 생각하는 시대

어떻게 구성해야 아이들이 좀더 쉽게 이해할까? 온라인 수업이라도 상호작용을 할 순 없을까? 피드백은 어떻게 해야 효과적이지?

온라인 학습의 한계에 부딪히다

온라인 학습이 어느 정도 정착이 되는 듯한 2020년 6월과 7월. 복도를 지나다 보면 선생님들이 유튜버처럼 수업 녹화를 하고 있거나 콜센터 직원들처럼 출석하지 않은 아이들을 깨우는 모닝

콜 전화를 하고 있다. 자다가 전화 받는 아이, 아예 전화를 안 받는 아이 등 다양하다. 일주일 안에만 들으면 되는 거 아니냐며 오히려 불만을 나타내는 학부모들도 있다. 형제가 많아서 스마트 기기를 나누어 써야 하는 상황이나 몸이 아프거나 큰 사정이 있어서 듣지 못하는 등, 그야말로 어쩔 수 없는 상황에서 일주일 간이라는 유예 기간을 준 것인데 이것을 '선택'의 문제로 오해하는 것이다. 일주일 규정을 내세우는 학부모 앞에서, 어렵게 통화한 교사의 노고가 헛되게 느껴질 때가 있다 보니, 2학기 들어서 이런 오해를 없애고자 당일 안에 듣는 것으로 '원격학습관리위원회'에서 규정을 바꾸었다. 온라인 수업도 수업이라는 것을 다시 한번 강조해야 하는 상황이었다. 부모가 온라인 수업에 대해서 보이는 반응은 고스란히 아이들에게도 전달되어 온라인 학습 이수율에도 영향을 미친다.

반 유튜버로, 콜센터 직원으로, 원격수업을 제작하고 준비하고, 이런 나날이 계속되는 가운데 학기초의 당황스러움과 달리 서서히 자신감과 노련함이 생기면서 어느덧 숨통이 트이는 느낌이 들었다.

그러나 정작 아이들 사이에서는 '가르침'은 있는데 '배움'이 없는 듯한 충격적인 상황이 벌어졌다. 교사들이 자료를 찾아 링크를 하건, 가공을 하건, 노력을 들여 직접 녹화하건 간에 공통적인 것은 어느 순간에도 아이들의 반응을 제때 보지 못한다는 것이다. 30여 명의 학생을 반으로 나누어 일주일에 한 번 등교하도록 하는 상황에서도, 아이들의 배움의 정도를 하루 등교일에 검토하는 것에 한계가 있었다.

진정한 피드백이라 함은, 아이들의 오개념과 난개념을 잡아주어야 한다. 즉, 잘못된 개념과 어려운 개념을 바로잡도록 해야 한다. 그런데 일방적인 온라인 학습을 하다 보니, 아이들 반응을 그날 안에 확인할 방법이 거의 없다. 구글 설문지로 아이들의 반응을 보고 파악은 할 수 있지만, 검토한 것을 아이들에게 되돌려주는 방법에 대한 모색이 필요했다. 아이들이 쓰는 배움노트도 일주일에 한 번 만나서 후루룩 넘겨보고 도장을 찍어주는 간헐적인 피드백을 하는 상황에서 아이들이 학습 동기를 이어 간다는 것은 누가 봐도 말이 안 되는 상황이었다.

이러한 우려는 아이들의 이수율이 떨어지는 것으로 드러났다. 수석교사로서 내가 할 일은, 3학년~6학년 인성교육 및 도덕 교육자료를 제작해서 올리고 아이들의 반응을 구글 설문지로 받아서 학년별·반별로 정리하여 담임선생님들께 알려주는 것이었다. 그런데 초반에 비해 아이들의 참가율이 떨어지는 것은 나 또한 피해갈 수 없는 상황이었다. 물론 반별로 차이가 있기도 했다. 나의 피드백뿐만 아니라 선생님들이 운영하면서 느낀 이수율 하락을 높이기 위해 선생님들은 어느덧 닭처럼 변해갔다. 닭이 모이를 쪼듯, 전화나 메신저로 아이들을 독려하다 못해 전화로 경고를 하기도 했다.

'교사와의 실존적인 만남'이 없는 수업은 결국 사토 마나부 교수가 말하는 '배움으로부터 도피하는 아이들'을 더 많이 양산하게 되어 있고, 이것은 온라인 수업에서도 마찬가지이다. 한 가지 다행이라면, 이런 현상이 우리나라에만 있는 것은 아니고 함께 코로나19와 싸우고 있는 전세계가 직면한 사태일 것이다. 잘 만든 수업자료를 e학습터에, 유튜브에, 구글 클래스룸에 올리는 것이 능사가 아니게 되었다. 만날 수 없는 아이들에게 찾아온 학습에 대한 나태함, 거부, 무기력과 싸워야 하는 새로운 미션이 주어진 것이다. 가르침은 있는데 '배움'은 없는 당황스러운 상황을 해결해야 하는 또 다른 과제가 생긴 것이다.

이에 대한 해결방안으로 배움노트를 보다 꼼꼼히 검사하기 시작했다. 구글 설문지, 네이버 설문지뿐만 아니라 퀴즈프로그램(띵커벨, 카훗)을 이용하거나 온라인 학습지인 Liveworksheet 등 다양한 온라인 툴을 활용하여 해결을 모색했다.

교사로서의 책무감에, 지금 당장 아이들이 참여하지 않는 것에 대한 갖가지 대응 노력으로 하루하루를 보내며 교사들도 서서히 지쳐가고 있다. 학교별로 체제가 갖추어지기 시작했고, 어떻든 학교에서 선택한 온라인 학습 플랫폼에 대부분의 아이들이 익숙해진 상황인데도 여전히 참여를 거부하는 아이들. 이런 아이들은 학부모와 통화를 할 수밖에 없다. 이러다 보니, 안 좋은 내용으로 하는 전화가 갈등을 가져오기도 했다. 어떤 학교의 6학년 선생님 몇 분은 참다가 이런 학생들을 학교로 불러 몰래 공부를 시키기도 했다고 한다. 자료를 만들고 게시하고 다른 아이들 관리도 어려울 텐데, 방역지침을 살짝 어기며 자체적으로 학습태도 부진 학생들에 대한 교육을 하기도 하는 것이다.

등교 수업에서도 손가락 사이로 빠져나가는 모래처럼 교사의 가르침에서 이탈하는 아이들은 각 학급별로 존재하지 않았나 싶기도 하다. 어느 날 퇴근을 하면서 라디오 방송을 듣게 되었다. 한 청취자가 "우리 아이가 온라인 학습을 제대로 안 해서, 아이랑 실랑이하느라 하루가 다 간다. 스트레스이고 힘들다"라는 사연을 보냈다. 진행자가 하는 말이 걸작이었다.

"그냥 놔두세요. 공부할 아이들은 온라인이건 학교에 등교하건 열심히 하는 것이고, 하지 않는 아이들은 어느 상황에서건 안 하는 것이고, 세상이 뭐 다 그렇잖아요? 공부 머리가 아닌 것 같으니, 스트레스 받지 마시고 그냥 놔두세요. 어허허."

이 말을 들으며, 대한민국 누구든 교육 문제에 대해서는 모두가 전문가이구나 싶기도 했고, 이 말에 동의를 해야 하는 것인가 고민이 되기도 했다.

물론, 오프라인이건 온라인이건 공부를 하지 않는

아이들은 하지 않는다. 어쩌면 못 하는 상황일 수도 있다. 하지만 등교 학습을 할 때는 아이가 해야 할 공부를 하지 않으면 인간적으로 꾸중도 하고 남게 해서 가르치기도 하며 아이의 태도를 바꿀 기회라도 있다. 그러나 진정한 온라인 학습이 아직 정착되지 못하여 교사도 학생도 우왕좌왕하고 있는 현상황에서는 이런 아이들을 잡아주는 것이 더욱 어렵다. 서툰 온라인 툴로 '배움으로부터 도피하는 아이들'을 다루기가 더 어렵고 교사는 무력감을 느낄 수밖에 없는 상황인 것이다.

학생들 입장에서는 온라인 학습이 학생들에게 '강제적'으로 자기주도학습을 강요하고 있다. 사실 자기주도학습은 엄밀하게 말하면 자신이 관심 있는 것에 스스로 몰입하는 학습태도를 말한다. 역사를 공부하다가 재미있어서 교과서 내용을 스스로 정리하고, 관련 책이나 영상을 찾아서 읽거나 시청하는 등, 배움의 깊이와 넓이를 스스로 확장해 나가는 학생들을 '자기주도학습자'라고 한다. 그런데 지금 온라인 학습 상황은, 배운 적이 없는 내용을 보고 학생이 스스로 이해하고, 스스로 정리까지 해야 하는 당황스러운 상황이다. 초등학생의 경우 집중 시간도 짧고, 피아제가 말하는 구체적 조작기의 학생들인데, 화면의 설명을 들으면서 스스로 학습에 흥미를 느끼고 배움을 확장해가는 '자기 동기화'된 아이들이 과연 몇이나 될까, 의구심을 갖게 된다. 이런 상황에서 모든 학생이 자기주도학습자가 될 수 있다는 바람은 너무 과하지 않은가 싶다. 모든 대학생들을 자기주도적 학습자라고 단언할 수 없을 텐데, 하물며 초등학생 아이들에게 스스로 학습을 꾸려 나가도록 하는 것은 아이에 대한 이해와 배려가 없는 것이 아닐까?

더욱이 '자신이 관심 있는 내용'이라는 전제가 삭제되고, 일방적으로 제시되는 온라인 콘텐츠에 가만히 앉아서 영상에 집중하라는(어른도 하기 힘든 집중임에도 불구하고) 것은 어찌 보면, 코로나19로 인해 아이들에게 타율적 학습자가 되기를 강요하고 있는 건지도 모른다.

소통의 요구가 일어나다

이러한 상황에서 2학기 들

어 교육부가 실시간 쌍방향 수업을 요구했다. 교육부의 요구는 충분히 이해가 되었다. 아이들이 이해를 했는지 못 했는지 알 수 없는 일방적인 온라인 수업에 대한 걱정, 아이들 학력 저하 현상에 대한 시급한 문제 해결을 위한 대안으로 쌍방향 수업이 요구되었기 때문이다. 하지만, 이 과정에서 대부분의 교사들은 1학기 때처럼 학교별로 실시간 쌍방향 수업 툴을 또다시 익혀야 하는 상황이 온 것이다. 어쩌면 우리나라가 교육의 본질은 '사람과의 만남'이라는 것을 모두가 인식하게 된 계기가 된 것 같다.

어쨌든 이제는 온라인 속에서도 아이들과의 만남의 길을 찾으라는 요구로 대부분의 학교가 결국 'Zoom'을 선택하여 서서히 쌍방향 수업을 진행하고 있다. 쌍방향 소통도구로 Zoom, Webex, MS 팀즈, 구글 Meet, 행아웃, On the Live, 카카오 워크 등 다양한 소통의 도구가 학교 내외에서 거론되다가 Zoom을 선택한 것은, 학생들의 접근성 때문이었다. 학부모에게 부탁하여 아이들을 새로운 플랫폼에 가입시키는 것은 에너지가 많이 드는 일이다. 끝까지 가입을 못 하거나 안 하는 아이들과의 실랑이를 또 겪고 싶지 않기 때문에 Zoom의 편이성을 활용했다.

Zoom은 코드 번호와 암호만 치거나, 심지어 교사가 보내준 초대 링크 주소만 누르면 바로 들어올 수 있으니, 학생 입장에서 쉬운 쌍방향 화상 툴이다. 2학기 들어서면서 시작된 Zoom 수업, 그러나 다양한 변수가 발생을 했다. 그리고 그 변수에 대해서 온라인 수업으로 유명한 선생님들의 다양한 강의와 의견을 접하며, 또 주변 선생님들의 어려움을 이리저리 해결하려고 노력하다 보니 여러 노하우가 생기기 시작했다.

온라인 수업에 일가견이 있는 선생님들의 이야기를 주워 모으듯 정리해서 동료들에게 알렸다. 정리하면서 격세지감을 느끼는 것이, 작년 이맘때까지만 해도 태블릿 펜이니 Zoom이니 하는 것을 듣도 보도 못했었다. 몇 개월 만에 이런 용어들을 아무렇지 않게 구사하며 선생님들과 대화하다니 놀라운 일이다.

갑작스런 세상의 변화는 학교에서도 마찬가지로 나타나고 있다. 9월 중순, 학교는 어느덧 직접적 만남 대신에 Zoom으로 갖가지 회의를 하거나 연수를 들으면서 적응해 나가고 있다. 비대면 시대, 학교 안에서도 서로 마스크를 쓰고 눈만 보고 대화를 하고, 식사 시간에도 서로 떨어져서 먹고 함께 차 한 잔도 마음놓고 마실 수 없는 외로운 학교에서 그나마 Zoom으로라도 만나는 것이 다행이라는 생각이 들 정도였다.

하지만 Zoom 덕분에 미뤄왔던 회의, 연수, 협의 등이 쏟아졌다. 토요일에도, 퇴근 후에도 하는 연수들이 많아지고 있다. 소회의를 하려면 꼼짝없이 화면을 보고 이야기를 나누어야 한다. 처음에는 재미있고 신기했던 화상 소통이 조금씩 피곤해지고 있다. 하지만 이러한 쌍방향 소통도구가 연결의 놀라움을 가져오기도 한다. 이화여대 창의교육 포럼에서 미국 워싱턴에 있는 한국인 교수님의 강의를 실시간으로 들었다. 이 포럼이 코로나19 전이라면 비행기를 타고 많은 시간을 들여 와서 강의를 한다고 해야만 만날 수 있는 분이니, 쌍방향 화상회의의 도구가 참 대단하다 싶었다.

Zoom으로 연수를 하면서 여러 가지 문제들이 발생하기도 한다. 해킹에 취약한 점이 있어서 어떤 학교에서 수업 중에 아이들이 보면 안 되는 그림이 잠깐 화면에 공유가 되었다가 난리가 난 적이 있다. 지금이야 Zoom에 아이들이 모두 입장을 하면 '보안' 메뉴에서 '회의 잠금'으로 하면 된다는 것을 안다. 하지만 화상 속 아이들을 관리하고 수업을 진행하느라 '회의 잠금'을 미처 하지 않아서 불상사가 일어날 수도 있는 것이다. 7월에 학교에서 Zoom으로 교사 연수를 하는데, 강사에게 예전에 강의를 듣던 다른 지역 다른 학교의 교사가 우리 학교 연수에 허락 없이 들어와서 당황한 적이 있었다. 강사가 예전에 보내준 링크를 타고 들어온 것이다. 이럴 때는 회의 코드는 그대로 하고, 암호를 바꾸어 이런 경우를 막을 수 있을 것이다.

어릴 때 불교 이야기를 읽은 적이 있다. 어떤 남자의 집에 한 여인이 들어와서 갖가지 복을 준다. 그런데 얼마 후 동생이라는 다른 여인이 들어와 여러 가지 어려움을 주길래 내쫓으려 했더니, 복을 주는 언니와 함께 나가야 한다며 복과 불운이 함께 사라졌다는 짧은 이야기이다. 모든 일에는 빛과 그림자가 있다. 우리가 편리하게 쓰기 시작한 Zoom이라는 도구가 애초에 좋아하는 여자친구와 계속 얼굴을 보며 통화를 하고 싶어서 개발된 것이라는 좋은 취지임에도 불구하고 대단위의 교육 상황에서는 오용될 가능성이 있다. 대학에서 강의 중 학생이 얼굴을 캡처해서 어딘가에 올리면서 초상권 침해에 대한 논란으로 경고문이 발송된 것을 보면, 조심해야 하는 도구임에는 틀림없다.

이런 실시간 쌍방향 소통 툴을 익혀 수업에 활용하는 상황이 무척 불편한 사람들도 많은 것 같다. 나는 'Zoom 활용을 위한 아주 소소하지만 중요한 팁 공유글'을 장학사의 허락을 얻고 전체 메신저로 보낸 적이 있다. 교사들 간에 공유하는 내용이라 내용 중에 'Zoom 감옥'이라는 용어를 썼었다. 중등 학생들이 하루 종일 Zoom에 갇혀 각 교과를 듣는 상황을 Zoom 감옥이라는 용어로 표현한, 사회적으로 통용되는 일반적인 말이어서 그냥 나도 모르게 글에 썼다. 온라인 수업을 듣지 않는 아이들을 나중에 따로 불러서 그날 학습을 다 할 때까지 교사가 지도를 하는 것이 아이 입장에서는 감옥 같은 상황이니 그렇게 표현한 것이었다.

그런데 갑자기 장학사에게 전화가 왔다. 'Zoom 감옥'이라는 부적절한 용어를 쓰는 나를 징계하라는 학부모의 민원 전화 내용이라며 혹시 신문기자나 다른 곳에서 전화 받은 것이 없냐고 물었다. 순간 당황스러움이 밀려왔고, 이 문서를 학부모가 어떻게 입수했을까 의아했다. '방탈출 게임'이라는 것도 유행하는 상황인데 뭐가 문제인지 맨 처음에는 어이가 없었고, 억울하기도 했다. 후회스럽기도 하고 갖가지 감정이 일어났지만, 학부모가 항의를 할 만한지 찬찬히 읽어보면서 내 자신에 대한 성찰을 시작했다.

학교폭력 예방 교육을 오랫동안 해오면서 내가 쓰는 용어들이 무의식적으로 너무 강해진 것은 아닌가 하는 반성도 들었다. 공식적인 문서도 아니고, 여기저기 연수 들으며 알게 된 내용을 정리하고 함께 공유해서 쌍방향 수업에 잘 적응하자며 보낸 사적인 문서가 이렇게 동티가 나다니 말이다. 그 학부모는 일주일 후에 내가 징계를 받았는지 아닌지 확인 전화를 하겠다고 했다는 것이다. 학부모가 교사의 징계에 대해서 관여를 할 수 있다고 생각할 만큼 교사의 권위가 떨어졌구나 싶기도 하고, 나로 인해 학교 관리자나 담당 장학사가 안 좋은 일을 겪을까 걱정되기도 하였다. 하지만 생각의 끝에는 교사들끼리 공유하는 자료를 학부모가 입수를 했다면 그것은 말이 안 되는 것이고, 그 학부모는 교사가 아닐까 하는 생각이 들었다. 그리고 문득 쌍방향 수업에 대한 스트레스를 나에게 풀려는 것일까, 아니면 이 문서에 대한 사건이 커지면서 쌍방향 수업에 대한 재고가 일어날 것이라는 생각을 한 것일까……. 갖가지 생각이 파고들었다.

생각에 생각을 거듭하다가 어떻든 비공식적인 문서라도 용어를 조심해서 써야겠다는 것, 그리고 이후로 모르는 동료 교사들에게 더 이상 섣불리 자료를 공유하려고 하지 않아야겠다는 다짐도 했다. 나의 선의가 이렇게 악의로 해석되고 돌아오는 상황을 보면, 그만큼 교사들의 스트레스가 크다는 것이 새삼 이해가 되었다. 아니면, Zoom 감옥이라는 용어를 쓰는 나를 교사의 자격이 없다고 생각하는 정의로운 학부모일 수도 있겠다. 모든 것을 내 탓으로 돌리고, 다시 한번 교사로서의 반성과 성찰, 신중함을 발휘해야 함을 느끼는 계기가 되었다.

이렇게 온라인 학습도구에 대한 고민과 더불어, 아

이들의 학습에 대한 실질적인 피드백에 대한 고민이 함께 밀려들었다. 수업의 본질을 생각하기 시작하는 진화 5단계에서 우리는 돌고 돌아 아이들에게 '배움'이 일어나도록 하기 위해서는 대면을 해야 하고, 상호작용을 해야 한다는 단순한 진리를 깨닫기 시작한 것이다.

Zoom 활용을 위한

아주 소소하지만 중요한 팁 공유글

1학기 때부터 Zoom으로 수업하신 선생님들 의견을 들을 기회가 있었기에 들은 팁을 알려드립니다.

<학교에서 해주실 일>

Zoom을 하다가 튕겨 나가시는 선생님들이 있다고 들었습니다. 얼마나 당황스러우실까요? 어제 저도 갑자기 뭐가 안 되어서 겪고 보니 아주 당황했습니다. 주변에서 살펴보면서 제가 알게 된 것을 전달해드립니다.

해결방안 1

학교에서 학내망을 정비해준다. 유지보수업체를 불러 학내망 인터넷 속도를 점검해 달라고 하십시오. 속도가 300 이상은 되어야 합니다. 만약 그 이하라고 한다면 허브를 사서(한 개당 45만 원 정도) 속도를 높여야 합니다.

해결방안 2

Zoom의 문제이다. 미국 거라서 우리나라를 잘 살펴봐주지 않는다. 따라서 서서히 Webex, MS 팀즈, 구글 Meet , 네이버 밴드의 그룹톡, 카카오 워크(여기서 30명까지의 화상회의 가능한 것을 만들었다고 어제 인터넷 기사에서 보았습니다), On the Live 등을 익힌다. 이제 '데이터의 독립화'도 생각해야 한다는 말도 있습니다. 언젠가 구글이나 해외 플랫폼들이 우리를 점령할지도 모릅니다.

해결방안 3

윈도우 용량이 1/3까지만 있게 해야지 윈도우가 꽉 차 있으면 컴도 느려지고 업그레이드도 안 되고, 인터넷 속도가 빠른데도 튕겨져 나갈 수 있다고 합니다. 따라서 동영상 만드신 것들은 외장하드에 옮기시고, 윈도우 용량을 가볍게 하셔야 합니다. 아울러, 바탕화면에 뭐가 많으면 또 느려집니다. 이제는 온라인 세계도 청소를 해야 하나 봅니다. (우리 학교 어느 반 인터넷 속도가 450인데 교사가 튕겨 나갔다고 하네요. 알아보니, 윈도우 저장 용량이 없어 업그레이드도 안 되고, 버벅대며 튕겨 나갔습니다.)

해결방안 4

Zoom을 여러 학년이 모두 하다 보면 아무래도 과부하가 걸리므로, 의논해서 조금 시차를 두고 하는 게 좋다고 하네요. 9시에는 5~6학년, 10시에는 3~4학년…… 이런 식으로요.

<학년에서 하실 일>

1. 학년별로 Zoom 연습하기

하루 날을 정해서 각자 회의 예약하시고, 초대복사해서 호스트 역할을 5분씩이라도 진행해보시는 것이 좋겠습니다. 소회의실 기능을 사용하시려면, 설정모드에서 "회의(고급)-소회의실 기능"을 체크하셔야 합니다. '주석' 기능도 좋습니다. Zoom의 화이트보드를 공유하고 주석을 메뉴에서 쓰시면 필기나 타이핑, 그림이 가능합니다. 와콤 태블릿이 익숙하시면 더 도움을 받습니다.

2. 아이들 접속 환경 고려

1) 형제가 2명 이상인 경우 Zoom 접속을 스마트폰으로 하는 경우가 많다고 합니다. 이 점을 고려해서 수업을 진행해야겠습니다.
2) 소리가 안 되는 아이들은 들어와서 음성 옆에 꺾쇠(^) 누르고 스

피커 및 마이크 테스트 하라고 하시면 될 것 같습니다.

3) 태블릿은 좀 끊김 현상이 있는 것 같다고 하십니다.

4) 침대에서 듣는 아이도 있다고 들었습니다. 처음에는 접속하고 인사하고 말하고 진행하시겠지만, 이후로 반드시 'Zoom 규칙'을 함께 만드셔야 합니다. 패들렛이나 잼보드를 활용해서 아이들에게 의견을 받으세요.

5) 담임교사의 말소리가 집안에 울려퍼지는 것이 부담되시죠? 따라서 Zoom 규칙을 정할 때, 이어폰으로 듣는 것이 하울링을 막고 예의라고 해서 유도하시면 좋을 것 같습니다. 이참에 헤드셋 얼마 안 하니 구입하라고 권하시면 좋겠습니다.

3. Zoom의 좋은 기능은 수업보다 피드백

1) Zoom은 일회성이고 학습터에 올리는 것은 여러 번 들을 수 있습니다. Zoom으로 실시간 수업을 하면서 중요 내용을 전달하는 것은 조금 무리입니다. 따라서 실시간 수업이라면 이 정도가 좋은 것 같습니다.

— 하루 1~2시간의 수업

— 아이들의 조사내용이나 과제 내용 발표

— 실기 수행평가

— 소집단을 활용한 토론, 협의 수업

— 아이들과의 회의, 의견 수합

2) Zoom을 활용한 아이들 참여력 높이기

— 아침열기나 출석체크를 잠깐 짧게 합니다. (이때, 전날 수업 내용에 대한 피드백, 오늘 학습 중 특히 집중해서 공부해야 할 부분 등을 소개)

— 아이들이 온라인 수업을 듣습니다. (이때 중요한 2~3 과목은 구글 설문지, 띵커벨, 카훗, 화이트보드 등을 활용해서 짧은 퀴즈를 내고 실시간으로 아이들의 반응을 봅니다. 오개념이나 난개념이 일어날 만한 것들을 묻는 퀴즈)

— 오후에 1~3시 사이에 Zoom으로 만나서, 2~3 과목 중요한 포인트를 알리고, 각 반응에서 잘된 점, 잘못 이해한 부분이 많은 점을 수정하도록 합니다(오개념과 난개념 피드백).

— 오후 설명이 끝나고 아이들과 인사하고 보낸 후, 오전에 수업을 안 들은 아이들은, 오후에 Zoom에서 다시 만납니다. 관련 부분의 교과서 부분을 교사 앞에서 읽게 하거나, 배움노트를 Zoom을 켜놓은 채 작성하도록 하는 것이지요. 몇 번 하면 아이들이 부담을 느껴서 오후 Zoom에서 탈출하려고 노력하고, 오전 수업을 잘 듣는다고 합니다.

<그 밖의 소소한 팁>

선생님들이 아이들 30여 명 전체가 한 화면에 나오기를 원하시는데, 이 방법 알려드립니다. 아울러 덜 튕겨 나가는 방법입니다. (저는 사양이 별로인데 40여 명까지 연수를 몇 번 했습니다.)

1. Zoom에서 화면이 뜨면 아래 메뉴 비디오 옆 꺽쇠(^)를 누르면, '회의 - 갤러리보기'에서 '화면당 최대 49명 표시'를 누르면 됩니다. (그런데 회색으로 나오고 활성화가 안 되어 있는 경우는 2번처럼 하세요)
2. Zoom 업그레이드를 합니다. 주기적으로 해주는 것이 좋습니다. 이렇게 업그레이드를 하고 1번을 다시 하시면 활성화가 되어 있을 것입니다.
3. Zoom을 활용하여 아침열기시 띵커벨이나 카훗 등을 활용하여 전날 퀴즈를 내거나 초성게임, 미션게임으로 라포를 형성합니다.
4. '주석' 기능을 적극 활용하시면 좋습니다
5. 살 만한 도구

   1) 콘덴서 마이크 2) 웹캠 3) 방송조명과 거치대가 함께 있는 핸드폰 4) 태블릿 펜(예: 와콤 인튜어스 CTL..)

06

소통과 피드백이 있는 쌍방향 수업

9월이 되면서 교육부에서는 본격적으로 실시간 쌍방향 수업을 진행하도록 지시가 내려왔다. 학생들의 학력 격차에 대한 사회적인 우려와 한 초등 3학년 학부모의 국민청원에 반영된 학부모들의 불만에 교육감과 교육부가 모여 결정한 사항이었다.

이미 1학기 말에 날아든 온라인 수업과 관련된 여러 공문들에 실시간 쌍방향 수업에 대한 요구의 전조가 보이기는 했다. 특히 아래 표를 보는 순간 선택지 6개 모두에 '실시간 쌍방향 소통'이 적혀 있었다. 2학기 때부터 쌍방향을 요구하겠구나 싶어 방학 전 7월에 Zoom 관련 강의를 꾸려서 운영하였다. 예상대로 2학기가 시

구분	실시간 쌍방향 수업 병행 운영 예시안
1	(실시간 쌍방향 소통) 수업 안내 및 출결 확인 + 실시간 쌍방향 수업 + 평가 및 피드백
2	(실시간 쌍방향 소통) 수업 안내 및 출결 확인 + 콘텐츠 활용 수업 + (실시간) 피드백
3	(실시간 쌍방향 소통) 수업 안내 및 출결 확인 + 과제 제시형 + (실시간) 피드백
4	(실시간 쌍방향 소통) 수업 안내 및 출결 확인 + 실시간 쌍방향 수업 + 콘텐츠 활용 수업
5	(실시간 쌍방향 소통) 수업 안내 및 출결 확인 + 실시간 쌍방향 수업 + 과제 제시형
6	(실시간 쌍방향 소통) 수업 안내 및 출결 확인 + 실시간 쌍방향 수업 + 콘텐츠 활용 수업 + 과제 제시형 + (실시간) 피드백

1학기 말 경기도 교육청 공문 일부

작되자, 어떤 인프라도 제시하지 않고 또 알아서 실시간 쌍방향 수업을 하라는 지시가 내려왔다.

처음 실시간 쌍방향 수업에 대한 지시는 두려움을 느끼게 했다. 화려한 IT 기업들이 자사 홍보로나 하는 화상회의 선전이 각 학급에서 갑자기 구현되어야 한다니 말이다. 그 말 많은 화상도구를 이제는 쓰라는 이야기구나 싶어 암담하기까지 했다. 나는 기계 방면의 창의성이 매우 낮을 것이다. 왜냐하면 새로운 기계나 기기를 만나면, 우선 귀찮음과 두려움을 느끼기 때문이다.

예를 들면 상담 축어록(녹취록) 작성과 수업분석에 활용하고자 '보이스 레코더'를 샀는데, 이것을 몇 년간 묵

혀두었다가 결국 남편에게 줘버렸다. 또 내가 속한 수석교사회에서 가장 늦게 스마트폰으로 바꾼 사람도 바로 나이다. 수석선생님들이 스마트폰으로 바꾸라고 여러 번 요구를 했는데, 이제까지 2G폰으로도 충분히 잘 살아왔고, 이런 쪽의 얼리어답터Early Adopter를 달가워하지 않기에 이상한 고집으로 버텨왔다. 그러다가 결국 카톡으로 의견들을 전달하는데 회장선생님이 나에게 따로 전달하느라 번거롭게 했다는 것을 깨닫고 나서야 부랴부랴 스마트폰으로 바꾸었다. 그만큼 최첨단 제품을 받아들이는 것에 경계심이 있고 잘 익혀지지도 않아 결국 맨 나중에 받아들이는, 아날로그인이다. 물론 최첨단 기기를 다루는 것이 빠른 사람들 중에도 아날로그를 표방하는 사람들이 있을 수 있지만, 난 신념 때문이라기보다는 실제 최첨단 기기에 익숙하지 않아서 아날로그인이다.

그러나 위치가 수석교사인지라 얼리어답터인 척을 해야 했고, 그러려면 실제 알아야 했다. 이것저것 배워나가고 알게 된 것을 동료 교사들과 공유해야 하는 역할, 온라인 수업이 이루어지면서 수석교사의 역할도 새롭게 달라져야 하는 압박감을 받았다. 하지만 교육 경력 26년차로서, 좋은 수업이 어떤 수업인지에 대한 나름의 답을 '아이들과의 진정한 만남과 소통'이라고 굳게 믿고 있는 입장에서 온라인 수업은 과연 배움을 가져올까 회의가 많았다.

교사로서 살아남기 위해 시간이 날 때마다 관련 연수를 듣거나 유튜브의 관련 자료들을 찾아보며 온라인 수업을 더듬더듬 구성해갔다. 콘텐츠 활용수업을 보다 성실하게 하고자 일일이 PPT를 만들고 동영상을 찾아 헤매고, 아이들이 쉽게 접근하도록 내 목소리를 넣어 수업 녹화를 하면서 그래도 아이들이 내가 만든 자료를 시청하며 스스로 학습을 해나가겠거니 희망을 가졌었다. 구글 설문지를 만들어 링크를 해놓고 온라인 강의 자료를 본 후, 스스로 들어와서 질문에 답을 올리겠거니 생각을 했다.

그러나 아이들은 대학생들이 아니다. 대학생들도 온라인 수업체제에서 스스로 챙기지 못하여 낮은 학점을 받는 경우도 있는데, 10년 남짓 인생을 산 아이들이 갑자기 변한 이 체제에 잘 적응해주길 바라는 것은, 그저

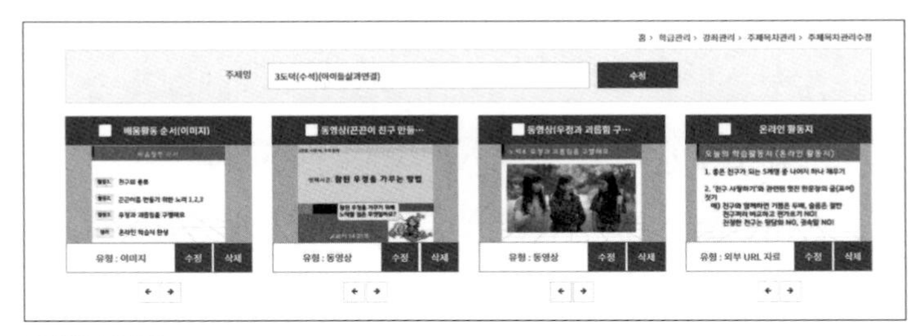

한 차시 수업구성

3학년 1반 도덕 1

순번	학년반	이름	1. 좋은 친구가 되는 5계명 중 나머지 하나 채우기
1	3-1		위로해주기 도와주고,함께가주기
2	3-1		친구 따돌리지 않기
3	3-1		서로 도와주기:친구가 준비물을 안 가져왔을 때 남은 게 있으면 주기
4	3-1		귓속말 하지 않기
5	3-1		괴롭 히지말기:친구라고하고 그친구만 따돌리기
6	3-1		잘못하면 사과해 달라고 말하다
7	3-1		배려하기
8	3-1		배려하기
9	3-1		배려하기:친구한테 배려하기
10	3-1		친구의진정한 친구 되주기.
11	3-1		함께하기:친구가 다치거나 울어도 같이하기
12	3-1		도와주기:친구가 슬퍼 할 때 위로해주기
13	3-1		싸우지 말기
14	3-1		배려하기
15	3-1		말을 잘 들어주기:친구의 마을 경청해 서 말을 들어줍니다.
16	3-1		친구 취미알기
17	3-1		친구라는 조건으로 왕따하지 않기
18	3-1		우정 지키기
19	3-1		자주 전화해서 친구와에 사이가 더 좋아지기
20	3-1		배려해주기: 친구를 먼저 생각해 주고 친구의 말도 존중해 주기.
21	3-1		괴롭히지 않기:친구가 싫어하는 것 하지않기!
22	3-1		5.싸우지 않기-친구 사이의 싸움이 일어나지 않고,만약 싸움이 났다면 친구에게 다가가서 화해하기
23	3-1		좋은 말 해주기:상황에 따라 좋은말 해주기
24	3-1		정직하게 친구와 마음을 나누기
25	3-1		친구 위로하기
26	3-1		친구 이해주기
27	3-1		배려하기:상대방의 입장에 서서 이해하기

구글 설문지를 활용한
학습지 작성 및 반응 결과

'바람'일 뿐이다. 아이들에 대한 좌절이 아닌, 상황에 대한 좌절로 무력감이 느껴졌다.

그렇지만 이런 상황이 과연 올해로 끝날 것인가를 생각할 때, 앞으로 2~3년까지 보는 사람들도 있으니 온라인 수업에서도 아이들의 동기화를 위한 길, 상호작용의 길, 피드백의 길을 찾아야 했다. 이즈음에 여론과 교육부가 실시간 쌍방향 수업과 등교 수업 확대를 요구하게 되었다. 하지만 인프라가 구축되기도 전에 또다시 지시가 내려왔고 학교의 교사들은 단기간에 알아서 방법을 찾고, 익히고, 적용해야 하는 새로운 미션이 주어진 것이다.

2020년 교육부가 공식적으로 하는 발표들은 개봉박두의 영화들을 접하는 것처럼, 예견은 되었지만 항상 갑작스러웠다. 심지어 학교가 알기 전에 언론이 먼저 알아서 보도를 하고, 학교는 며칠 후에야 여러 단계를 거쳐 공문으로 받곤 했다. 아마도 교육 관련 수장들이 의논해서 어떤 결정을 하면, 그것을 구체화하는 데 누군가 기획을 해야 할 것이며, 기획된 그것이 시도 교육청, 지역 교육청으로 내려오는 데는 당연히 시간이 걸릴 것이다.

학교 입장에서는 언론에서 그렇게 보도를 하더라도, 상위 기관에서 내린 지시를 기다렸다가 움직일 수밖에 없다. 나는 교무부장, 연구부장과 같은 수석부장이 아닌 수석교사이기에 공문으로 내려와야 움직이는 관료 체계가 사실 답답하게 느껴졌다. 내려온 공문이 실시간 쌍방향을 요구하는데, 이런 기기를 다루어본 경험이 거의 없는지라 얼른 대처를 해나가야 한다는 절박함이 들었다.

아마 내가 담임교사라면 좀더 상황을 보고 지시를 기다릴 텐데, 수석교사라는 위치가 전체 동료 교사들의 적응을 돕는 위치라는 생각에 더 고민을 하면서 연수며 매뉴얼 등을 뿌리면서 대응해나갔다. Zoom 연수를 하고, 집에서 온라인 수업을 받고 있는 아들, 딸과 Zoom을 하면서 이리저리 해보고 피드백을 받으며 익혀나갔다. 대학 친구들과도 연습을 했다.

그러나 1학기 때부터 Zoom 수업을 간간히 해온, 유명한 혁신학교에 근무하는 친구는 4학년 아이들에게 Zoom 수업은 무리라는 결론을 내렸다고 했다. Zoom

수업이지만 집중을 못하는 아이들은 여전히 못하고, 교사가 수업을 운영하면서 화면 속 아이들을 통제하고 관리하는 것이 쉽지 않다는 것이었다. Zoom을 쌍방향이라고 하지만, 교사가 일방적으로 수업을 진행한다면, Zoom으로 아이들이 수업을 듣는지 감시하는 것일 뿐, 여전히 일방적인 온라인 학습이지 진정한 쌍방향 수업은 아닌 것이다. 서로 얼굴을 보며 수업을 하는 것만이 쌍방향 수업일까? 교사가 제작하여 올려준 것을 듣는 것이나 교사와 마주 보고 듣는 것이나 일방적인 것은 마찬가지라는 생각이 들었다. 여전히 온라인으로는 효과적인 학습을 하기는 어렵겠다, 어서 코로나가 끝나서 아이들이 모두 등교해서 수업을 받았으면 하는 생각이 모락모락 피어올랐다.

하지만 나의 이런 편견이 또다시 깨지는 기회가 생겼다. '블렌디드 러닝학습 지원단'이라서 도교육청에서 진행한 연수를 참여하면서였다. 역시 Zoom으로 참여했다. 일방적인 설명식 강의도 있었지만, 소수로 모여 Beecanvas라는 도구로 성취기준을 수업 요소로 쪼개는 협업 작업을 했다. Zoom으로 서로 의논을 하면서 온라인의 슬라이드를 함께 채워가는 연수였다. 작년 연수에서는 큰 종이에 서로 의논한 결과를 써서 정리했던 것을 이제는 온라인 도구 속에서, 각자의 컴퓨터 속이지만 같은 공간에서 해 나가는 작업이다. 처음이라 서툴고 어렵지만 신선했고, 온라인 수업 속에서도 협업이 가능하다는 생각에 신이 났다.

연수를 들은 후에, 나도 못 할 것이 없겠다 싶어서, Beecanvas 도구의 활용 방법을 유튜브를 통해 학습하며 더듬더듬 슬라이드를 구성했다. 2학기 시작 즈음 교육과정 재구성의 방법에 대한 연수를 학교에서 동료 교사들에게 용기를 내어 실시했다. 1학년~3학년 한 팀, 4학년~6학년 한 팀으로 두 번 연수를 했다. 소그룹으로 선생님들을 배정하고, 각 그룹이 사용할 슬라이드를 한 장씩 만들어주고 들어와서 함께 작업을 하는 것이다. 학교의 인터넷 속도에 문제가 있기도 하고, 공짜로 쓰는 툴이라서인지 튕겨 나가는 교사들도 있었지만, 무난하게 협동 작업을 할 수 있었다.

물론 아이들이 한 번에 이런 협업 툴을 잘 사용하기는 어려울 수도 있다. 그러나 아이들은 직관적으로 한

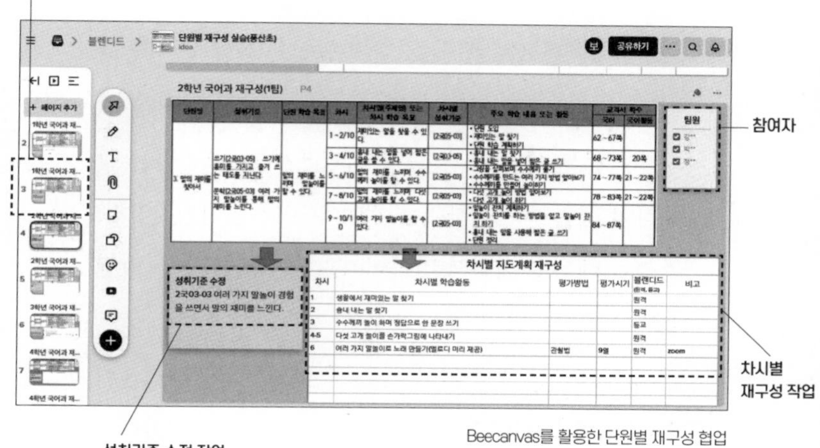

Beecanvas를 활용한 단원별 재구성 협업

번 이해를 하면 응용을 해서 이런 도구들을 잘 활용하는 것을 발견하게 된다. 어쩌면 교사의 자신감이 아이들에게 영향을 주는 것일 수도 있다. 더구나 이 아이들이 괜히 디지털 세대가 아닐 것이다. 태어날 때부터 디지털 기기에 노출이 되었기에 어쩌면 우리 교사들보다 더 잘 다룰 수도 있다. 이렇게 한꺼번에 들어와서 함께 구성을 하며 서로의 의견을 'Build up(증강, 강화, 집중, 성장, 쌓아올리기, 격려, 고무, 잠재력의 증가 등의 의미)'해가는 과정을 온라인에서도 익숙하게 해나갈 수 있을 것이다.

패들렛, 잼보드 등 상호 간에 협업을 통해 교사가 제시한 문제를 의논하고 해결하는 툴은 여러 가지가 있다. 나 같은 아날로그인도 온라인에서 다양한 툴을 활용하여 협업이 가능하다는 것이 얼마나 흥미진진한지, 스스로 배우고 익혀서 만들어가는 내 자신을 보노라면 놀라울 정도이다.

내가 스스로 움직이고 배울 수 있었던 것은, 오프라인 수업이 막히면서 학생들과의 상호작용이 희박해지면서 겪었던 좌절감을 극복하기 위해 행동했기 때문이다. '교사와 학생, 학생과 학생들 간의 만남에서 배움이 일어난다'는 나의 수업관이 온라인 수업에서도 어떻게 가능할 수 있을까 고민했기 때문이다. 온라인 수업이라는 장애를 극복하면서 내가 바라는 수업에 가치를 실현해줄 툴을 발견하는 것, 조금 서툴고 실패해도 적용해보는 것은 정말 중요한 과정일 것이다.

도구를 처음 배울 때는 그것을 수업이나 강의에 적용해보는 것이 재미있다. 하지만 도구에 함몰되어서는 안 된다. 도구는 도구일 뿐, 도구를 써먹기 위해 구성하는 수업이 아니라, 내가 원하는 수업의 모습을 온라인에서 구현하기 위해 도구를 선택해서 활용하는 것이어야 한다. 따라서 도구를 부리는 교사가 되어야 할 것이다.

나의 이런 말에 누군가는 이렇게 이야기할 것이다.

"그러니까 도구들을 일단 익혀야지요."

이 말도 맞다. 그리고 나 또한 여러 도구들을 익히느라 시간과 노력을 기울이고 있는 것도 사실이다. 나는 새로운 도구를 대하면 어떤 도구이고, 단점이 무엇인지를 우선 파악하려고 노력한다. 사용방법을 애써 익히지는 않고 그것이 어떤 곳에 쓰이는 것인지를 대강 이해한다. 마치 눈으로만 쇼핑하듯이 말이다. 그러다가 어느 날 수업을 기획하다가 온라인 수업을 위해 필요한 점을 생각한다. 잠깐 접했던 그 도구를 떠올린다. 그때서야 그 도구를 인터넷 검색을 통해 사용방법을 익혀나간다. 그리고 나서 수업에 투입을 시도한다.

쏟아져 나오는 많은 도구들을 그때그때 익히느라 시간을 들이는 것보다, 무엇을 핵심으로 해서 가르칠까 어떤 진행을 해야 하나, 아이들의 배움의 결과는 어떻게 확인할까, 제대로 이해하지 못할 때는 어떻게 대처

할까에 대한 고민을 더 많이 해야 할 것 같다. 도구를 진행하는 것은 아이들에게 재미는 줄 것이다.

그러나 흥미와 재미보다 더 중요한 것은 배워야 할 것을 배우는 것이다. 아이들이 무엇을 해야 할지 몰라서 우왕좌왕하며, 교사도 아이들의 배움을 전체적으로 관리하지 못하고 시간을 보내는, 보여주기식 학생주도의 활동중심 프로젝트 수업보다 차라리 아이들을 집중시켜 차근차근 설명해주는 수업이 더 가치가 있다는, 조금은 '고리타분'한 나의 아날로그적 특성이 온라인 수업에서도 드러나는 것 같다.

"예, 도구도 익혀야지요. 내가 계획한 수업에 필요할 때만 말이에요."

07

미네르바 스쿨

코로나19로 인하여 익숙한 모든 것들이 무너지면서, 그 무너진 자리를 온라인이라는 가상의 공간이 대신하게 되었다. 학교의 본질인 수업의 공간도 변하였다. 교실이라는 물리적 장소에서 온라인 학습터를 구축하고 온라인 상에서 가르쳐야 할 것을 구현하고 구축해나가야 했다. 매 순간 갑자기 다가온 10년이라는 말을 실감하며 여러 가지 플랫폼과 툴을 찾아 헤매다니기 시작했다.

'디지털 유목민Digital Nomad'이라는 말이 있다. 위키백과에서는 이 용어를 다음과 같이 기술한다. "생계를 유지하거나, 나아가 삶을 영위하는 데에 원격 통신기술을 적극 활용하는 사람들을 일컫는다. 이러한 사람들은 단일한 고정된 사무실에서 일하는 전통적인 방식 대신,

외국에서, 또는 카페, 공공 도서관, 협업 공간Coworking Spaces, 심지어 RV까지 포함해, 원격으로 근무하는 경우가 많다."

새로운 교육적 상황이 오면서, 내가 아날로그인이건, 얼리어답터이건, 디지털 기기 혐오인이건 상관없이 2020년 현재 교사라면 디지털 유목민이 되어야 했다. 교사로서의 자부심은 수업이다. 교사는 수업을 위해, 더 나아가 수업을 제대로 하기 위해 원격통신 기술을 적극 활용하는 사람이 되어야 했다. 사실 한가로운 자부심 타령보다는, 체제 전체를 바꾸는 급격한 변화에 살아남기 위해 숨 가쁘게 달리기를 해왔다는 것이 솔직한 심정일 것이다.

2학기 들어 쌍방향 소통에 대한 이야기가 가시화되면서 대한민국 교사들은 쌍방향 수업을 위한 플랫폼을 찾아서 또다시 떠돌기 시작했다. 연수를 주관하거나 참여하면서 쌍방향 도구들을 한두 개 접해 보면서, 또 각 도구의 사용방법을 익히고 그것을 아이들에게 효과적으로 알릴 방법을 고민하는 상황에 또다시 처한 것이다. 인터넷을 검색하다가 '수업에서 활용할 수 있는 30

가지 쌍방향 소통도구 전격 비교'라는 썸네일(대문 이미지)을 보았다. 눌러 보려다가 다른 것을 찾아야 해서 지나쳤지만, 이 문구가 계속 기억나는 것은 '30개를 모두 비교하고 선택하라고?' 하는 마음속 깊이 잠재된 불만 때문이었다. 안타까운 것은 우리가 사용하는 이런 쌍방향 소통의 온라인 툴들이 지금은 코로나 시대라고 당분간 교육을 위해서는 무료로 제공되고 있지만, 이런 상황이 얼마나 지속되겠느냐는 것이다.

〈원숭이 꽃신〉이라는 이야기가 있다. 원숭이는 본래 신을 신지 않는 동물인데, 우연히 오소리가 칭찬과 아첨으로 선물한 꽃신을 신게 된다. 처음에는 받은 선물이라 흡족해하며 멋으로 신고 다녔지만, 곧 이 꽃신에 길들여져 발바닥은 부드러워지고 꽃신을 신는 것에 익숙해진다. 이제 꽃신은 그냥 얻을 수 없게 되고, 점점 더 많은 값을 치러야 할 상황에 이른다. 결국, 원숭이는 꽃신을 신지 않으면 발바닥이 너무 아파서 오소리에게 꽃신을 달라고 사정을 하게 되고, 엄청난 가격을 부르는 오소리의 요구에 꽃신을 얻기 위해 오소리를 업고 다니는 등 그가 시키는 모든 일을 하며 노예가 되어간다는 이야기이다.

너무 많이 나간 생각일 수도 있지만, 지금 우리가 편리하게 쓰기 시작한, 외국 거대 회사들의 온라인 플랫폼이나 도구들이 '꽃신'으로 우리를 길들이고 있는 것일지도 모른다는 생각이 든다. 우리나라 업체의 것이라면 정부에서 개입을 할 수 있겠지만, 글로벌 업체이니 이마저도 쉽지 않을 것이다. 온라인 도구들로 우리들의 교육이 지배당할 수도 있겠구나 싶다. 또, 우리가 쌓아온 데이터들이 그들에게 흡수가 되고 그 데이터를 활용하여 우리를 좌지우지할 수 있겠구나 하는 갖가지 생각이 든다. 발등에 떨어진 불을 우선 끄는 것이 중요하다. 하지만 불을 끄며 사용한 다양한 도구들에 대해서 서서히 비판적으로 생각해봐야 할 시기가 아닐까?

몇 개월간 나는 많은 연수를 들었다. 듣고 동료 교사들에게 알려야 하는 이유도 있고, 내 수업을 위한 방법도 찾아야 했기 때문이다. 토요일에도 5시간 이상 연수를 몇 번씩 받기도 했고, 학교에서도 연수를 받고 뒷정리를 하고 나오면 이미 어둑해졌을 때에야 퇴근을 하곤 했다. 그런데 대부분의 강사들이 구글을 이야기하고 있었다. 구글 사이트를 만드는 방법부터 구글 클래스룸, 구글 Meet, 행아웃부터 협업 도구인 잼보드, 패들렛, 구글 폼 등 구글이 인수한 작은 프로그램들의 사용법, 활용법을 알려주고 있었다. '이런 것도 있구나' 신선했던 것들이 계속 반복이 되면서, 문득 많은 학교들이 교육부가 제시한 e학습터를 쓰는데 왜 구글 프로그램들을 줄기차게 소개하고 강의를 하는 걸까 하는 생각이 들었다.

같이 연수를 듣는 선생님들과 사적으로 대화를 하는 과정에서, 연수를 담당하는 선생님들이 구글과 무슨 협약을 맺은 것이 아닌가라는 소문이 돈다는 말까지 들었다. 소문이니 오해일 가능성이 많을 것이다. 그리고 e학습터는 워낙 많이 쓰고 있으니, 새로운 학습관리체제로 구글 클래스룸을 알려주는 것이라고 생각한다. 그러면서도 내가 속한 학교나 주변이 e학습터를 많이 쓰는데 새로 구글 클래스룸을 익히느라 이렇게 시간을 많이 들여야 하는가 하는 회의도 든다. 아울러 이것이 교직 사회에 새로운 갈등이 되고 있는 것 같기도 하다. '구글파'와 '안구글파' 정도로 말이다. 이런 교통정리를 교육부가 어느 정도 해주었으면 좋겠다는 생각도 가져본다. 물론 엄청난 내공으로 구글 기반 학습관리체제를 운영하는 분들의 자율성은 빼앗으면 안 될 것이다.

하지만 구글이 글로벌 기업이라는 것은 잊지 않았으면 좋겠다. 구글의 기능이 워낙 막강하다 보니 '구글 크리에이터'를 자처하는 부러운 얼리어답터도 있고, 그들이 소개하는 온라인 툴 백화점을 견학하다 보면 다행히 두렵다기보다는 재미있겠다는 생각이 드는데, 아이들을 상대로 시도를 하려고 하다 보면 망설여지는 것은 어쩔 수 없다. 쇼윈도우의 상품을 모두 살 수 없는 심정과 같다.

발등에 떨어진 불인, 아이들 학습에 대한 '피드백의 활성화', 실시간 쌍방향 소통이라는 과제 해결을 위해, 대부분이 Zoom이라는 도구로 해결을 하고 있다. 우여곡절 끝에 이제는 서서히 익숙해지고 있는데, e학습터에 새로운 실시간 쌍방향 도구가 들어온다는 소문이 있다. 새로운 도구가 또 들어온다니 살짝 피곤이 몰려오지만, 교육부에서 툴을 제공해준다니 감사하다. 하지만, 이것저것 툴을 익히며 고생한 몇 개월이 또 날아가는구나 싶다.

각자도생各自圖生하라고 하기 전에 이런 도구들을 미리 좀 구축해주었으면 얼마나 좋았을까 싶다. 온라인 도구가 자꾸 변화되고 추가되는 상황에서 시행착오를 겪느라, 교사가 무엇을 가르치고 싶은지, 교육과정 재구성을 어떻게 디자인할 것인지 생각할 여유가 없는 이 현실이 우려스럽다.

많은 강사들이 학습관리체제 모델로 추천한 '미네르바 스쿨'이 있다. 캠퍼스가 없는 학교, 온라인으로 토론, 토의 수업이 이루어지는 학교로 매우 혁신적이다. 이 학교는 2011년 엄청난 투자를 받으며 세워진 정식 대학이고, 4년 내내 100퍼센트 온라인 수업을 받고, 동시에 100퍼센트 기숙사 생활을 한다. 이 기숙사는 1년마다 다른 곳으로 이동을 해야 하는데, 미국, 아르헨티나 또는 독일, 인도나 한국, 이스라엘이나 영국에서 기숙사 생활을 하며 견문을 넓힌다.

미네르바 스쿨에서 가장 부러운 것은 자체 개발한

영상 통화도구로 수업을 하는데, 모든 강의는 20명 이하로 진행이 되고, 수업은 주로 세미나 형식으로 일방적인 강의식 수업은 없다는 것이다. 누군가 의견을 발표할 때, 자신의 사진 밑에 동의하거나 그렇지 않다는 의견을 적극적으로 제시하여 학생들의 반응을 교수가 확인을 할 수 있다. 더 재미있는 것은 말을 많이 한 학생은 빨간색 배경이, 적게 한 학생은 초록색 배경이 뜨고 이것을 확인하며 토론에 참여시키는 것을 교수가 결정한다는 것이다. 놀라운 것은 학생들의 의견이 실시간 그래프로 표시가 되고, 이에 따라서 같은 의견끼리 묶거나 다른 의견끼리 묶어서 팀별 과제를 부여할 수도 있다는 것이다.

발표자 의견에 대한 실시간 반응 그래프 팝업 장면

면담 시 학습 누적 상황이 뜨는 장면 (출처:미네르바 스쿨 공식 유튜브 채널)

더욱 부러운 부분은, 학생과의 일대일 면담이다. 학생에 대한 데이터가 모두 저장되어 있어서 수업시간의 참여력은 어떻고, 어느 부분에서 좋은 의견을 제시했는지, 발표했던 영상에 대한 코멘트, 팀 과제에 대한 의견, 제출한 과제 등을 보면서 학생들의 성취도를 올리기 위해 진정한 학업 상담을 한다는 것이다. 학생들의 등수나 등급 매기기 대신에 학생들에게 실질적인 피드백을 주며 성취도에 이르도록 이끄는 평가다운 평가를 한다는 매력적인 시스템이다.

한때 모든 오프라인 대학은 죽을 것이다, 모든 학교는 사라질 것이라는 어마어마한 말을 들은 적이 있다.

지금도 그러한 말들이 오간다. 온라인 공개강좌(MOOC, Massive Open Online Course)의 활성화로, 또 EBS와 같은 유명한 강사진으로 구성된 수업자료가 속속 만들어지면서 나왔던 말들이다.

그러나 MOOC는 초창기의 바람이 서서히 줄어들고 있고, EBS의 엄청난 강의력을 가진 교사들의 실시간 강의라고 일컫는 강의들 또한 아이들은 조금씩 지겨워하기 시작했다. 그 이유는 이 강의들이 일방적인 인강이고, 상호작용이 없기 때문이다.

1, 2학년은 1학기 내내 EBS의 〈호랑이 선생님〉의 인터넷 강의와 교사들이 제작한 학습꾸러미를 받아 반강제적인 자기주도적 학습을 해왔다. 초창기에 〈호랑이 선생님〉은 엄청난 인기를 누렸고, 2학년 담임교사인 내 친구는 "나보다 더 잘 가르쳐. 애들이 호랑이 선생님 방송 보면 끝나는 것 같더라구" 하며 진담 반 농담 반으로 말하는 것을 들었다.

그러나 긴급돌봄 하는 아이들을 관찰해보았을 때, 어느 순간 〈호랑이 선생님〉을 들으면서 아이들은 내용도 파악하지 않고 그냥 학습꾸러미를 해버리고 바로 친

EBS <호랑이 선생님> 그림, 잠자는 아이들

구들과 장난을 치려고 하거나 교실을 배회하거나 놀잇감을 가지고 노는 행동들을 보인다는 말을 들었다. 아이들은 더 이상 EBS 〈호랑이 선생님〉을 보면서 공부하지 않는 것이다. 이와 관련해서 어떤 선생님의 의견을 들어보니, 〈호랑이 선생님〉의 수업이 심지어 4차시가 한 시간에 모두 담겨 있는 경우도 있었고, 온라인으로 학습한 이 내용을 토대로 등교하는 날 시험을 보았는데 너무나 처참한 점수에 놀라서 다른 방법을 모색하기 시작했다고 한다.

일방적인 온라인 강의가 아이들에게는 인내력 테스트이거나 고문과 다름이 없을지도 모른다는 반성으로 일어난 실시간 쌍방향 강의의 경우도 무늬만 쌍방향인 경우가 많아 아이들은 지쳐가고 있다. 이 상황에 지친 아들이 "아, Zoom 감옥에 갇혔어. Zoom 지옥이야"라는 말을 가끔 읊조리는 것을 보면, 온라인 콘텐츠형 수업이건 쌍방향 수업이건 결국은 일방적인 주입식 수업이 될 수 있다는 것을 느끼게 된다.

미네르바 스쿨이라는 환상적인 교육 시스템은, 그 학교의 교수들이 만든 것이 아니다. 벤처 기업이 막대한 자본을 들여 구축한 시스템이다. 이 시스템 속에서 교사와 학생, 학생과 학생들은 교류를 하고, 이야기를 나누며 서로 배우고 있다. 교사가 하는 일은 우리처럼 시스템 콘텐츠를 구축하는 게 아니다. 학생들의 반응이 데이터로 축적된 자료들을 보면서, 실시간으로 반응이 색깔로 나타나는 시스템의 도움을 받으며 학생들과 소통하고 학습관리를 하면서 성취도를 끌어올리기 위해서 노력하는 조력자로 활동해야 한다. 배움에 대한 열정과 호기심을 잃지 않도록 '온라인'에서 진정한 교사로서의 노력을 하는 것이다.

미네르바 스쿨을 보면서 온라인 수업이라는 미래 교육에 대한 긍정적인 대안이기는 하겠지만, 이제 전세계가 어떤 명분으로 개인의 데이터를 축적하고 그 데이터로 통제하는 것이 자연스러운 세계가 되어가는 것인가 조금은 섬뜩한 생각이 든다.

조지 오웰의 《1984》가 떠오른다. '빅브라더Big Brother'라는 존재에 의해서 감시되고 통제되는 디스토피아의 세계가 이제는 우리 옆에 와 있는 것인가 싶어 마음이 서늘해지기도 한다. 어디에 달려 있는지 모르게 곳곳에 있는 감시 장비에 의해서 행동뿐만 아니라 소리까지도 24시간 내내 누군가가 엿보고 있는 세계, 심지어 사상경찰이 쳐놓은 덫에 걸려들어 심한 고문 끝에 자신의 신념과 사상을 모두 검열받고 개조받아야 하는 《1984》를 읽으며 내내 우울했다. 이렇게 극단적인 경우는 아니더라도, 소설 속에서 텔레스크린에 비추는 자신의 표정을 그들이 원하는 대로 지어야 하는 상황이 너무 과장된 생각일 수도 있지만, 미네르바 스쿨 등 앞으로 다가올 고도의 교육관리 시스템은 분명 인간의 자율을 통제하는 것일 가능성은 크다.

《1984》에서 조지 오웰은 '이중사고Double Think'라는 신조어를 제시한다. 한 사람의 정신에 상반된 신념이 동시에 존재하며 이 둘 모두를 받아들이는 것이다. 이렇게 모순된 두 가지를 '그럴 수 있다'고 받아들이게 되면 사람은 모순에 저항하는 사고체계를 잃어버리게 된다. 소설 속 예시처럼, 전쟁은 평화가 되고, 자유는 예속이 되며, 무지는 힘이 된다. 지금 우리에게 다가올 교육적 상황에 비추어 본다면, 인간을 교육하는 것은 '창의적이고 비판적, 자율적으로 사고하는 것'이라고 생각하면서 인터넷으로 아이들의 데이터를 축적하고 관리, 통제하며 사회가 바라는 인간으로 조형하는 이 상황 또한 진정한 교육적 방법이라는 모순을 받아들이는 것을 뜻한다.

지금은 갑자기 다가온 온라인 학습 상황이라 이런 생각을 할 겨를이 없었다. 하지만, 이런 상황에 대한 비판 없이 아이들을 교육하게 되면 우리는 사회화를 담당하는 공교육 교사, 그 이상은 될 수가 없는 것이다.

미네르바 스쿨이 온라인 학교로서 아이들과 진정으

로 소통하고 아이의 호기심과 배움을 충족시켜주는 효율적인 도구로 우리나라에 도입이 된다면 참 좋겠다. 하지만 아이의 데이터를 축적하고 그 아이를 데이터로 판단하며 정교화된 프로그램으로 아이를 사회에 맞게 개조하는 도구가 되는 것은 막아야 할 것이다. 그 지점이 어디일지는 모르겠지만, 어쩌면 우리가 거부해도 디스토피아적 영화들이 말하듯 이미 우리 곁에 왔는지도 모르겠다. 먼 미래 같지만, 온라인 학습이 다가온 10년이라고 한 것처럼 우리가 우려할 만한 교육 통제 사회도 금방 올지 모르겠다.

문득, '현타(현실 자각 타임)'가 온다. 이 글을 쓰는 이유는 미네르바 스쿨 같은 체계적이고 쉬운 온라인 교육 시스템을 정부가 구축해주길 바라는 마음에서 시작한 것인데, 개인의 자율성이 통제되는 교육체제의 문제를 염려하고 있다니 너무 앞서간 것 같기도 하다. 당장 현 상황에서 우리가 바라는 것은, 다양한 글로벌 플랫폼이나 툴을 스스로 찾고 익히느라 정작 교재 연구할 시간이 부족한 상황에서 공공성을 갖춘 '메이드 인 코리아' 온라인 교육 시스템이 만들어지는 것이다.

학생들에 대한 피드백을 위해, 배움다운 배움이 일어나도록 하기 위해 이런저런 시스템을 교사들이 찾아서 각자도생으로 교육하라는 현 우리나라 교육부의 행정력에 실망하고 지쳐 있다. 물론, 교육부도 당황스러웠을 것이고 거대한 기관이기에 이런 상황에 빨리 대처하는 것이 어려웠을 것이다. 똑똑한 행정관리들이 모여 있는 교육부도 이러한데, 우리 교사들은 어떠했을까 이해를 바라는 마음도 있다.

무엇보다 대한민국에도 미네르바 스쿨과 같은 시스템이 갖추어져서 아이들과 손쉽게 토론할 수 있고 가르칠 수 있는 온라인 학교 시스템이 갖추어지면 좋겠다. 20명의 아이들과 진정한 배움이 일어나도록, 교육과정을 연구하는 시간이 확보되고 아이들의 반응에 오프라인처럼 쉽게 피드백을 해줄 수 있는, 학부모들이 허용한 범위 내에서 아이들이 제출한 자료나 갖가지 시험 성적들을 토대로 진정으로 아이들의 학습을 조력하는 멋진 교사가 되고 싶다는 꿈을 모든 교사들이 갖고 있다는 것을 잊지 않았으면 한다.

우리는 게으르거나 뒤처진 미생 교사들이 아니다.

모든 사람이 그러하듯 갑작스레 밀려온 코로나19 쓰나미에서 아이들의 배움을 독려하는 학교의 교사로 살아남기 위해 발버둥을 치고 있을 뿐이다. 더 발버둥을 치라고 독려할 것이 아니라 여유있게 아이들에게 가르칠 내용을 고민하는 플랫폼이라는 배를 구축해주기를 소망한다.

08

알트 스쿨의 멸망

2020년 초에 시청한 EBS의 〈다시 학교〉라는 프로그램, 특히 2부 '교사의 고백' 편에 나오는 이야기는 나에게 많은 생각을 일으켰다. 그 당시 시청할 때는 코로나19 전이라서 핀란드 교육에서 보이는 문제점에 주목했다. 수업참관자가 간 날은, 다른 과목을 연계해서 학생들 간의 협동을 이끄는 프로젝트 수업을 하고 있었다. 핀란드 교육은 우리나라 교육의 혁신적 변화에 영향을 준 '교육적 이상향'으로 우상화되다시피 한 곳인지라, 큰 기대를 갖고 수업에 참관하는 상황이었다.

그러나 수업을 자세히 들여다보고 있던 참관 교사는 시간이 지날수록 집중을 못하고 떠돌아다니는 아이들을 보며 배움이 일어나는 수업이라고 할 수 있는지 의

구심을 갖기 시작했다. 무엇보다 학생주도 수업이라는 미명하에 교사들의 통제가 들어설 자리가 없었다. 아이들의 진정한 적극적 참여, 교사들의 아이의 학습안내에 대한 적절한 관리와 통제가 사라진, 껍데기뿐인 활동 수업이 되고 있었다. 이 장면을 시청하면서, 수업 컨설팅에서 가끔 느꼈던 답답함의 이유를 알게 되었다.

9년간 많은 수업을 봐왔다. 어떤 수업은 활동이 별로 없는데도 교사와 학생들 간, 학생과 학생들 간의 상호작용이 매우 깊이가 있고, 아이들의 수업 집중이 탁월한 수업이 있었다. 개인적으로 나는 이런 수업이 좋았다. 그런데 어떤 수업은 교사가 다양한 아이디어를 수업 곳곳에서 실현하고자 하는 열망이 강한, 어지러울 정도로 많은 활동이 기획되었음에도 실제 수업에서 아이들은 활동을 위해 떠돌아 다니고, 참관하는 사람들을 신경 쓰면서 막상 오늘 배우는 장면에서 자주 벗어나는 이상한 상황을 목격한 적이 있었다. 분명 학생 중심 활동이 많아 학생주도적 수업으로 느껴지고 재미있는 수업이었는데, '아이들이 과연 배웠을까'라는 의구심을 갖게 하는 불편한 수업이었다. 아이들은 수업에 집중하지 못하고, 교사마저도 학생주도라며 방치하는 방임 수업, 활동으로만 가득 차서 막상 무엇을 배웠는지 배움의 본질이 희미해지는 이벤트성 수업, 그것에 대한 경계심이 생기기 시작했다. 수업의 본질은 교사가 안내하는 지점으로 학생과 교사가 함께 가는 '앎과 배움'의 과정일 텐데, 그 본질이 과도한 활동 중심 수업에서 길을 잃을 수도 있는 것이다.

수석교사로서의 나의 수업을 돌아보면, 초창기는 '뽐내기' 수업을 했던 것 같다. 화려한 PPT와 동영상으로 무장한 채 '내가 이만큼 노력해서 만들었다'라는 것을 과시하듯 수업을 기획하고 이끌어갔던 '어수선한 수업'이었음을 고백한다. 뭔가 남들이 하지 않는 것을 시도하고, 그것을 동료 교사들에게 보여주는 것이 수석교사의 수업이라고 무의식적으로 생각하며 늘 쫓기듯 부담감으로 힘들었던 것 같다. 하지만 학생이 성장하듯 교사도 성장한다. 수석교사라는 역할 덕분에 다행히 수업 관련된 여러 책을 만나고, 수업 컨설팅을 위해 많은 수업에 참관하면서 어느덧 화려함의 깃털을 떼고 아이들과 진실로 만나는 소통의 수업을 꿈꾸고 있는 내 자신을 발견하게 되었다. 9년여간의 수석교사 활동 속에서, 수업은 아이들이 주인이어야 한다는 만고불변의 진리를 가슴 깊이 깨닫게 된 것이다.

아이들은 교사가 무리하게 기획한 수업활동에 매몰되어 버겁게 과제를 해결해가는, 교사의 수업을 빛내기 위한 수단적인 존재가 아니다. 아이들이 편한 마음으로 자신의 생각을 일으키고 나누고 싶어 하는 동기가 꿈틀대는 안정된 수업이어야 한다. 화려한 활동이 없어도 아이들의 내면이 살아 움직이는 수업은 보기만 해도 감동적이다. 그렇게 아이들의 생각과 연결하려고 노력하는 내밀한 그 과정이 수업을 가득 채워야 함을 깨닫는다. 화려한 PPT가 없이 좋은 동화책 한 권으로라도 아이들과 만날 수 있는 진정한 전문가가 되기 위해 노력하는 진정한 교사가 되고 싶다. 이렇게 좋은 수업에 대해서 꿈꿀 수 있는 수석교사라는 이 자리가 참 고맙다.

2020년 초, EBS의 〈다시 학교〉를 볼 때만 해도 정책가들이 말하는 배움 중심 수업의 현학적인 개념이 아닌, 교육현장에서 9년간의 수석교사 활동을 통해 얻어진 지극히 개인적인 배움 중심 수업의 정의를 올 한 해 수업 컨설팅을 통해 동료 교사들과 나누고 싶다는 열망에 빠졌다. 많은 활동을 클리어하며 버겁게 이어지는 수업이 아닌, 한 가지 활동이라도 아이들과 여유를 갖고 자신의 생각을 표현하도록 하고, 배우게 된 것을 자신의 언어로 인출하도록 아이들을 안내하고 격려하는 적극적인 만남과 상호작용이 진정한 '배움 중심 수업'의 본질이라는 것을 선생님들이 인식하게 하고 싶었다.

그러나 코로나19로 학교 교육의 방법적 체제가 급격하게 변했고, 이런 교육적 신념을 말한다는 것 자체가 사치일 만큼 사회적 상황의 영향을 학교는 그대로 떠안아 버겁게 대처하고 있다. 또한 온라인 교육의 물결에서 간신히 정신을 차리고 보니 아이들은 진정으로 배우지 않고 있었다. 교실에서 유령처럼 떠돌며 배움에서 이탈하는 아이들이 이제는 온라인 수업 속에서 더 늘어나고 있다는 사실, 그 결과 기초학력 부진 학생들의 증가, 교육 격차의 증가 및 중간층의 전멸 등 심각한 상황은 통계적 결과뿐만 아니라 일주일에 한 번 만나는 아이들을 통해서도 직접 느낄 수 있다.

이런 심각한 상황에 대한 해결책을 생각하며 내린 결론은, 온라인이건 오프라인이건 수업의 본질은 변하지 않는다는 것이다. 교사의 철학이 반영되고, 아이들의 수준에 맞게, 상황에 맞게 교육과정을 재구성해야 하고, 무엇을 평가하고 피드백할지도 고민하는 이 과정이 생략되어서는 안 된다는 것이다.

초창기 온라인 학습 상황에서 우리는 도구에 대한 고민을 먼저 할 수밖에 없었다. 그러나 지금은 교육내용에 대한 연구와 재구성이 더 중요하다는 것을 이제는 이해하게 된다. 아울러 아이들의 배움을 위해 더욱 중요한 것이 있음을 깨닫게 된다. 〈다시 학교〉 2부에 나오는 '알트 스쿨Alt School'에 대한 이야기에서 그 답을 찾을 수 있다.

미국 필라델피아 외곽에 빈민층이 대부분인 지역에 야심차게 세워진 '미래학교School of the Future'는 개인별 맞춤식 교육 제공, 과목 간 통합 커리큘럼, 학습자 중심 수업을 강조하고 있었다. 이는 우리가 꿈꾸는 학교의 모습이었다. MS사의 재정적 지원을 받으며 2006년에

탄생한 이 학교는 스마트형 칠판에 색다른 책상 및 의자 등 최첨단 기술과 공간뿐만 아니라, 학생들은 개인별 학습 노트북으로 학습을 했다. 그러나 프로젝트 수업을 위한 기본적인 지식이 부족한 학생들에게 이런 최첨단 기술은 아무 소용이 없었다. 결국 학력은 전국 최하위 수준을 기록했다.

또한 실리콘 밸리에서 마크 주커버그의 지원과 구글 엔지니어 출신의 노력으로 탄생한 '알트 스쿨'은 개인 맞춤형 러닝, 학생 중심, 작은 학교라는 모토로 화려하게 만들어졌다. 벽이 없는 개방형 공간에서 시간과 장소를 마음대로 선택하여 개별 노트북을 가진 아이들이 '교사가 아닌', 학습에 필요한 오디오북이나 영상으로 '스스로(?)' 학습하는 멋진 꿈의 공간이었다. 그러나 결과는 참담했다. 아이들의 기초 학력은 제대로 형성이 되지 않았고, 결국 9개 학교가 폐교의 수순을 밟고 있다고 한다. 이곳에서 근무했던 교사는 이렇게 말한다.

"3년간 알게 된 건 궁극적으로 기술 자체는 교육이 해야 하는 실질적인 문제를 해결하지 못한다는 점이다…… 아이들은 영상으로 무엇인가 배우긴 할 것이다…… 그러나 더 중요한 것은 교실의 문화와 학습환경으로서의 '선생님'이 교실에 있어야 한다는 것이다. 교사들은 아이들이 올바른 방향으로 나아가게 하고 관계를 형성하며 피드백을 주는 것이다."(EBS 〈다시 학교〉 2부 교사의 고백 인터뷰 내용. 전 알트 스쿨 교사 폴 프랭스)

아이들을 가르친다는 것, 아이들을 배움에 이르도록 한다는 것, 그것은 살아 있는 사회적 존재 '인간'인 교사와의 만남과 상호작용이 필수적임을 뜻한다. 진정한 만남이라는 말 전에, 사람인 아이는 사람인 교사를 만나야 하는 것이다. 온라인 학습이 아이들에게 효과가 없는 것은, 이 온라인 교육이 또 다른 주입식 교육이기 때

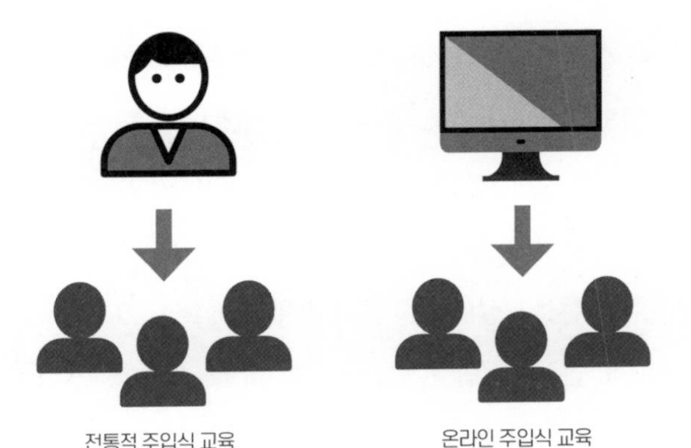

문이다.

사실, 온라인 교육은 전통적 주입식 교육보다도 더 효과가 없을 수도 있다. 왜냐하면 전통적 주입식 교육이라도 아이들은 교사와 만나고, 친구들과 만나며 학교의 환경과 만나기 때문이다. 맹모삼천지교孟母三遷之敎의 고사성어처럼, 환경이 주는 잠재적 교육은 무시할 수가 없다. 무엇인가를 배운다는 것은 단순히 그 지식만을 배우는 것이 아니라, 그 지식이 전달되는 맥락, 상황도 함께 배우는 것이다. 아울러 교육은 인지적 발달만을 추구하는 것이 아니기 때문에 교실이라는 인간들의 공간 속에서 여러 가지를 배우고 대처하며 습득해간다. 이 기회가 온라인에서는 어렵다.

따라서 인간이 행하는 주입식 교육과 인공지능 교사가 행하는 주입식 교육은 다르다. 특히 초등학생들에게는 온라인 교육이 효율적일 수는 있지만 효과적이지는 않을 가능성이 높다. 전통적인 설명식 교육을 하는 교사, 그 교사가 설명하는 교육내용 속에는 그 교사의 교사관과 인생관, 인품, 그 교사의 삶과 세월 속 경험이 어우러져 아이들에게 전달되는 것이다. 단순한 지식의 전달이 아닌, 교사의 모든 행동 하나하나가 교육적 자료가 된다. 아이들에 대한 기대와 실망 등 다양한 감정들이 눈빛과 목소리, 몸짓으로 전달되면서 아이들은 지식과 더불어 사람을 배우는 것이다. 지혜와 정서, 인간다움을 배우는 것이다.

이런 교실 속 만남을 최첨단의 온라인 도구들이 대신할 수 있을까? AI는 인지적으로는 이미 인간을 추월했다. 하지만 여전히 답보 상태에 있는 것은 인간의 정서와 도덕성 등 설명할 수 없는 정신적인 영역을 가시화하기 어렵기 때문일 것이다.

물론, 애리조나 주립대학에서는 대학생들의 특성에 따라 학습방법을 제시하는 AI(E-Adviser)를 만들어 입학때부터 전공선택과 학습방법을 도와주고 강의 수강 이력관리 및 계획에 관한 조언을 한다고 한다. 이것을 도입했을 때, 학습 멘토에 '인공지능 멘토'를 심어놓았는데, 연구결과 인간 멘토와 별 차이를 느끼지 못했다는 결과가 나왔고, 이에 적극적으로 AI 학습관리 멘토 시스템을 도입한 것이다. 대학생활을 시작할 때 수강신청을 하고 스스로 학습을 관리하는 것이 어려운 것은 사실이다. 따라서 이것을 적극적으로 도와주는 AI가 있다면 참으로 도움이 될 것이다.

그러나 이 시스템은 어느 정도 자기주도적 학습능력이 있고, 진로를 본격적으로 탐색해가는 청소년 이상의 연령에 맞을 것이다. 여러 정보들을 토대로 스스로 관리할 수 있는 능력이 어느 정도 있어야 AI의 도움이 가치가 있다. 따라서 어린아이들에게는 그 효과를 기대하기가 어렵지 않을까 싶다.

과거와 현재와 미래를 담고 있는 인간과 인간의 만남이 사라지고 지식과 인간의 만남만이 남은 현 코로나19 시대가 참으로 아쉽다. 2학기 들어서 거세게 일어난 실시간 쌍방향 수업은, 교사와 학생, 학생과 학생 간의 만남이 수업의 본질임을 무의식으로 알게 된 우리 사회의 몸부림임을 깨닫게 된다. 아직 정착이 안 되어, 또 학생들에게 다양한 온라인 협업 툴을 가르치고 참여하도록 하기에는 아직 어려움이 많아 오프라인만큼 다양한 교육형태는 어려운 게 사실이다.

그나마 교사의 일방적 설명식 교육으로 이루어지고 있는 화상수업이라도 사람을 만나 배운다는 것이 참 중요하다는 생각을 하게 된다. Zoom 수업이 이루어지고 있는 교실들을 지날 때면, 담임을 하고 싶다는 속 편한 생각을 해보기도 한다.

2부

온라인 수업 한복판에서, 교육의 본질을 생각하다

01

컬링의 렌즈로 본 블렌디드 교육

컬링과 블렌디드 교육의 오묘한 닮은 관계

'컬링Curling'이라는 스포츠가 있다. 우리에게는 2018년 평창 동계올림픽 때 우리나라가 선전하면서 대중적으로 알려진 스포츠이다. 컬링에 대해서 잘 모르는 사람도, 출발선에 서서 힘들어 보이는 자세로 스톤을 밀어서 출발시키는 사람이 있고, 열심히 솔 같은 것으로 빗질을 하는 사람, 그리고 저 멀리 득점표에서 스톤을 겨냥하며 거리를 재고 머리를 갸우뚱거리는 사람이 있다는 것쯤은 알 것이다. 컬링에서 움직이는 선수들의 행위들을 눈으로만 보고 다 안다며, 딱 봐도 쉬운 것을 뭘 저렇게 진지하게 하냐고 이야기하는 사람도 있다. "나라도 저건 할 수 있겠다"라고 비전문가도 전문가인 양 품평을 하고 쉽게 말할 수 있는 것이 컬링이듯, 학교의 교육도 누구나가 전문가처럼 말한다는 점에서 많이 닮았다.

아이가 있건 없건, 키워 보았건 아니건, 교육을 해보았건 그렇지 않건, 자신들의 경험을 일반화하여 교육을 말하는 사람들이 많다. 누구나 다 한 번쯤은 교육을 받았고, 또 지금도 끊임없이 받고 있기 때문에 각자 교육에 대한 생각들은 있을 수밖에 없다. 더구나 남다른 학벌사회인 우리나라이다 보니 학력에 대해서 관심이 많은 우리나라 사람들은 교육에 관한 한 전문가 못지않다. 물론 그 전문성을 무엇으로 보느냐에 따라 다를 것이다. 즉 대학에 잘 들여보내는 노하우를 말하는 것인지 진정한 인간을 길러내는 인성교육을 말하는 것인지에 따라 다르겠다는 말이다. 그만큼 교육은 쉬워 보인다. 컬링처럼 말이다.

그러나 막상 일반인이 학교에서 아이들을 한두 시간 가르치고 나면 고개를 절레절레 저으면서 "선생님들 정말 힘드시겠네요" 하며 인정을 한다. 사람을 가르친다는 것이 쉬워 보이지만 막상 하면 쉽지 않다.

그런데 블렌디드 러닝학습이 이루어지면서 컬링이 교육과 닮았다는 생각을 더 많이 하게 된다. 1학기 말부터 공문에서 '블렌디드 러닝'이라는 용어가 등장하기 시작했다. '블렌디드'라는 말을 들으면 커피가 생각나고 혼합물이 생각나는데, 무엇을 섞으라는지 어렴풋이 유추가 된다. 즉, 2020년 온라인 학습과 등교 학습이 병행되는 상황에서 온라인과 오프라인을 섞는다는 의미이겠거니 하고 말이다.

2000년대 후반 미국에서 등장하기 시작한 이 용어는 '두 가지 이상의 학습방법이 결합하여 이루어지는 학습'을 뜻한다. 그렇다면 학습방법을 무엇으로 보는가에 따라 모든 수업이 블렌디드가 될 수 있겠다 싶다. 강의식 수업과 프로젝트 학습의 혼합, 토론 수업과 문제 해결 수업의 혼합처럼, 어쩌면 모든 학습을 블렌디드 학습이라고 할 수 있겠다. 하지만 새삼 이 용어가 이 시기에 등장한 이유는 온라인 학습과 오프라인 학습(등교 학습)의 연결을 강조하는 측면에서 등장한 것이다. 즉, 2020년 코로나19로 인한 강제적인 온라인 학습이 이루어지면서, 온라인 학습의 여러 한계점을 등교 수업으로 보완하고, 또 등교 수업의 한계점을 온라인으로 극복하면서 진정한 배움이 일어날 수 있도록 하자는 취지에서 말이다.

현재는 등교 학습(면대면 교육)의 시공간적 제한점을 E-러닝Learning으로 극복하자는 것보다는 '강제적'인 온라인 학습이 지속되면서 학생들이 보이는 다양한 학습상의 문제점을 오프라인 수업 속에서 어떻게 보강할지를 좀더 고민하는 상황이다. 어떻든 블렌디드 러닝은 아이들의 배움을 확장시키고, 언제 어디서든 학습이 이루어지도록 하며, 무엇보다 시간과 공간, 비용 측면에서 학습의 효율화를 꾀하고자 하는 시도일 것이다. 쉽게 말하면, 적은 비용으로 원하는 시간에, 학교 안과 밖에서 언제 어디서나 배우고 학습에 대한 도움을 받으며 개별화된 학습을 한다는 것이 블렌디드 학습이 추구하는 방향일 것이다.

1995년 신규 교사로 '열린교육 시범학교'에서 3년 반 동안 근무를 했었다. 교과 간의 융합, 블록 수업, 코너 학습 등 여러 가지 시도를 했던 기억이 있다. 지금 생각하면 '열린Opening'이라는 철학이 무엇인지 좀더 진지하게 고민했어야 했던 것 같다. '열린교육' 하면 가장 먼저 떠오르는 것은 공간의 열림이지만, 더 깊이는 교육과정의 열림, 교과 간 열림, 교과서 이상의 교재 범위의 열림, 각 학생의 학습시간의 열림 등 그야말로 우리가 상상할 수 있는 다양한 열림의 교실 구현을 의미한다.

그 당시에도 열린교육은 왜곡되기도 하였다. 열린교육이 형식화되어, 벽을 허문다는 말을 진짜 교실의 벽을 허무는 웃지 못할 해프닝이 벌어졌다. 러그 미팅Rug Meeting을 반드시 하고, 코너 학습을 하고, 학생들의 흥미를 끄는 수업으로 재구성이 되었다. 그러다 보니 교과를 교과답게 가르치지 못하고 아이들의 학력이 떨어진다는 우려 등, 열린교육에 대한 단편적이고 형식적인 이해로 인한 부작용들이 곳곳에서 나타났다. 내 자신도 열린교육을 준비하는 것이 지긋지긋해서 한때 이 교육에 대한 부정적인 평가들이 담긴 연구들을 보며 위안을 삼기까지 했다. 하지만 열린교육의 철학을 생각하면, 열림의 가치는 교육의 목적이며 방법이 될 수 있는 참으로 멋진 교육철학이다.

문득 이런 '열림'이 '섞임Blended'과 서로 연결된다는 생각이 들기도 한다. 열려 있어야 서로 섞일 수 있는 것이니까 말이다. 그러나 지금 우리의 열림은 온라인 세계와 오프라인 세계의 열림, 더 나아가 체제의 섞임을 요구받고 있다. 학교가 고수해왔던 등교 수업, 즉 오프라인 세계와 아이들을 가르치면서는 크게 적용하지 않았던 온라인 세계를 반강제적으로, 적극적으로 수용해야 하는 당황스러운 상황에 놓이게 된 것이다. 온라인 세계에서의 교육설계 및 구성, 구체화를 겪어보지도 못했는데, 준비도 연수도 없이 무작정 구현해야 하는 이 상황이 혼란스럽기만 하다. 온라인 수업을 하고, 그것을 정리하거나 평가하는 등교 수업, 즉 온라인과 오프라인이 서로 유리되어 진행이 되는 것에 제동을 걸며 블렌디드 학습이 새롭게 제기된 것이다.

여기서 섞는다는 것은 그냥 섞는 게 아니다. 온라인과 오프라인이 서로 연계가 되어야 한다. 온라인 수업이 오프라인에서 정리가 되고, 다시 발전이 되도록 교사가 전체적인 맥락을 놓쳐서는 안 된다는 것이다. 이 맥락을 놓치지 않기 위해서는 무엇이 필요할까? 제대로 된 수업설계, 교육과정의 재구성이다.

그리고 이런 숙제를 끝내기도 전에 9월이 되면서, 수업설계를 넘어 이제는 그것을 아이들이 얼마나 잘 받아들이고 있는지, 무엇에서 어려움을 겪고 있고 잘못 습득하고 있는지를 확인하는 '피드백'이 거세게 요구되고 있는 상황이다. 한 고개를 넘으면 또 다른 도전이 기다리는 것이다. 하지만 수업설계는 성취기준을 근거로 하기에 둘은 서로 연결되어 있다. 따라서 교육과정 재구성 과정에서 수업설계와 그에 대한 평가는 같이 계획이 되는 것이며 그래서 '교육과정-수업-평가 일체화'라는 말이 온라인 교육에서도 강조되는 것이다.

투구자Thrower, 스위퍼Sweeper, 스킵Skip으로서의 교사

온라인과 오프라인의 혼합 수업, 진정한 블렌디드 러닝 교육이 요구받는 이 상황은 어떻게든 스톤을 득점표에 넣어야 하는 컬링과 많이 닮았다.

블렌디드 러닝 수업과 컬링을 비교해보자. 컬링은 4명의 구성원(리드, 세컨드, 서드, 스킵)이 각자 2번씩 투구(스톤을 미끄러뜨리기)를 한다. 여기서 가장 쉽게 생각한다면, 이 4명이 모두 교사들의 역할이고, 스톤은 학생, 컬링의 득점판은 성취기준이 된다. 스톤이 득점판에 제대로 들어가도록 선수가 브룸Broom이라는 도구를 활용하여 빗질을 하여 마찰력을 조정하면서 스톤을 득점판에 안착시키듯이, 교사가 다양한 온라인, 오프라인 도구를 활용하여 블렌디드 수업 실천(브룸의 빗질과 같다)을 통해 학생들이 성취기준에 도달하도록 해야 한다. 스위프(브룸)로 열심히 빗질을 하며 스톤이 제 갈 길을 가도록 안간힘을 쓰는 선수들처럼, 교사들도 다양한 자료와 툴로 블렌디드 수업을 진행하게 되는 것이다. 하지만 성취기준

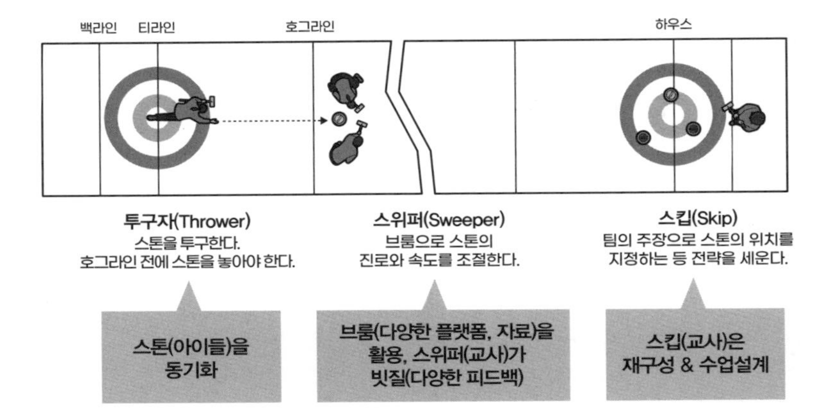

투구자, 스위퍼, 스킵으로서의 교사

에 도달하기 위해서는 열심히 나아가는 학생의 학습의 길과 마찰력을 잡아주는 교사의 빗질도 중요하지만, 사실 첫 투구도 중요하고, 스톤의 위치 전략가인 스킵의 역할도 중요하다. 교사의 할 일을 컬링 선수들의 역할과 비교해보면 참 재미있다.

투구자로서의 교사

첫 번째로 비유할 수 있는 교사의 역할은, 컬링 하면 떠오르는 자세를 하는 선수,

'투구자'이다. 무릎 하나를 바닥에 대고 출발선에서 스톤과 한 몸이 되어 미끄러지듯 스톤을 미는 역할이다. 학생이라는 스톤을 제자리에 놓는, 학습을 시작하는 위치로 안내하고 스톤을 학습의 빙판으로 밀어넣는 투구자, 즉 '동기유발자'인 교사의 역할은 참 중요하다. 컬링에서 스톤은 좋은 스톤이건 그렇지 않건 일단 출발선에 올려 밀 수가 있다. 그러나 아이들 중에는 이 출발선에 오르기를 직간접적으로 거부하는 아이들이 있다. 출발선에도 오르지 않는 아이들을 동기화해야 하는 교사의 역할은 쉽지 않다.

컬링 선수 입장에서는 이 스톤이 제작과정에서 제대로 매끈하게 깎여 만들어진 상태라면 투구하기에 쉬울 것이다. 학생도 마찬가지로 교사를 만나기 전, 가정에서 잘 양육되고 훈육되었다면 학교에서 배우고자 하는 욕구를 불러일으켜 학습을 하도록 하는 것이 어렵지 않을 수 있다. 교사의 노력이 있다면, 동기유발 자료를 제대로 기획해서 제공하면 아이들은 학습을 시작할 준비가 되는 것이다.

안타깝게도 아이들은 다양한 환경 속에서 자라왔다.

잘 자란 아이들도 있지만, 방임 내지는 방치되거나, 지나친 허용적 분위기 속에서 옳고 그름을 구별할 수 있는 분별력이 부족하거나 심지어 학대로 인해 불안한 아이들이 있다. 교사는 스톤을 잘 관리하는 선수처럼 학생들의 상태를 잘 보고 학습에 입문하도록 관리해야 하는 입장이다. 이런 다양한 아이들을 대상으로 학습 동기화를 시키는 것이 쉬운 일은 아니다. 관리가 안 되어 제대로 출발도 못 하는 스톤처럼, 양육과 훈육의 부족으로 도통 배우려고 하지 않는 아이들도 있기 때문이다.

특히 2020년 코로나19로 인해 1학기 동안 아이들과의 만남이 손에 꼽을 정도이니 아이들을 파악하기조차도 어려웠다. 교실에서야 아이가 수업에 참여를 안 하면 교사가 바로 개입을 하면 된다. 올해는 대부분 온라인 학습으로 이루어지다 보니, 의존적으로라도 학습을 하던 아이들이 아예 방치가 되어 수업이 이루어지는 시간인데 아직 일어나지도 않는 경우가 있다. 밤새 게임을 하고, 교사나 부모의 닦달이 있어야 간신히 이수를 하는, 마우스 '클릭 이수'를 하는 상황인 것이다.

더구나 입학식도 제대로 못 하고 EBS 원격수업이

나 유튜브 동영상 시청 및 학습꾸러미로 수업하고 있는 1학년 학생들은, 컬링의 '호그라인'에도 이르지 못한 경우가 많아 교육계의 고심이 매우 깊었다. 결국 2학기 들어 1, 2학년은 전면 등교로 가닥을 잡았다. 이렇게 제각기 다른 상황에 놓인 아이들을 위해 교사는 다양한 동기화 자료로 아이들을 수업에 참여시키려고 노력하는 투구자이다.

컬링보다 더 어려운 것은, 이 스톤의 과거와 현재를 알아야 한다는 것, 이 스톤을 만든 그 뒤의 사람들도 파악해야 한다는 것, 스톤의 환경과 그 히스토리도 알아야 한다는 것이다. 교사와 학생 사이의 배움은 이렇게 교사가 학생에게 관심을 갖고 그 아이가 속한 다양한 생태학적 환경을 알아야 하기에 참으로 어렵다.

온라인 학습이 제대로 이루어져 아이들이 그야말로 '자기주도적 학습자'가 된다면, 살아 있는 이 스톤을 호그라인 앞에 올리는 것은, 아이들 자신이 될 것이다. 내가 관심 있는 배움을 시작하기 위해 스스로 시간과 노력을 들일 준비를 하는 투구자가 학생들이 될 때, 우리는 교육의 이상향을 접하게 될 것이다.

스위퍼로서의 교사

동기유발자에 이어 교사의 두 번째 역할은 '스위퍼'이다. 브룸이라는 빗질 막대기처럼, 다양한 플랫폼과 자료를 활용하여 학생들에게 수업을 하는 실전의 공간이다. 예전에는 이 공간에서 등교 수업을 통해 학생들을 직접 가르치면서 상호작용이 되었는데, 코로나19로 인하여 대부분 단방향의 온라인 수업으로 1학기가 지났다. 결국 교사들은 스톤이 가는 방향을 보지 못하고, 무엇으로 어떻게 수업을 할지, 온라인 도구를 활용하는 것에 대부분의 시간과 에너지를 쏟을 수밖에 없었다. 사실 진정한 스위퍼라면 스톤의 방향을 보고 지켜보든지 빗질을 하든지, 그 강도와 속도를 또 어떻게 할 것인지 전략을 짜고 실행을 할 것이다. 다시 말해 교사가 스톤의 진로와 속도, 즉 학생의 학습에 대한 피드백을 통해 제대로 가고 있을 때는 지켜보고, 오개념(잘못된 개념)에 빠졌을 때는 올바른 길로 가도록 빙판의 빗질을 해주고 난개념(어려운 개념)에 빠졌을 때는 더 매끈하게 길을 다듬어주어야 하는 것이다.

2020학년도 1학기는 내내 새로운 빙판길을 만드느

라 스톤을 볼 여유가 없었다. 그러나 이제는 스톤이 득점 안에 제대로 들어가는지, 컬링 선수들이 눈을 부릅뜨고 보는 것처럼 교사들이 학생들을 지켜봐야 하는 시기가 되었다. 온라인 학습을 잘 만들고 그것을 아이들이 보기 쉽게 올리는 것만큼, 아이들이 그 학년에 습득해야 할 성취기준에 도달하도록 끝까지 지켜보는 것이 교사의 중요한 역할이 되고 있다.

2학기 들어 올라온 학부모의 국민청원을 보면 맞벌이 부모로서 학습을 제대로 챙겨주지 못하는 좌절감이 깊이 배어 있어 안타까웠다. 그 내용을 보면, 진정한 학습이 일어나도록 아이의 학습에 대한 교사의 피드백을 요구하고 있는 상황이다. 스위퍼로서 연수와 노력을 통해 멋진 브룸을 가지게 되었지만, 이제는 그 브룸이 스톤을 위해 제대로 길 안내를 해주는, 제대로 된 빗질을 해주길 바라고 있는 것이다.

물론, 스톤을 움직이는 스위퍼들을 아이들로 생각할 수도 있다. 스톤이 학습할 준비가 된 아이들의 마음이라면, 이 마음을 잘 조정하여 배움의 길로 나아가도록 하는 주체 또한 아이들 자신일 수 있다는 것이다. 하지만 스위퍼가 왜 두 명이겠는가? 한 명이 학생이라면 다른 한 명은 교사일 것이다. 배우고 익히는 그 과정에서 옆에서 누군가 함께해주고 길을 안내해주는 존재, 더 나아가 뒤에서 지켜봐 주는 존재가 바로 교사이기 때문이다. 아이들이 어떻게 처음부터 자기주도적으로 학습을 해나갈 수 있겠는가. 교사가 옆에서 스스로 학습하는 방법을 알려주고 연습하면서 궤도에 올려야 한다. 그 역할이 바로 레프 비고츠키Lev Semenovich Vygotsky가 말하는 비계(Scaffolding, 임시 가설물)로서의 교사의 역할일 것이다. 직접 가르쳐주거나 다양한 시범 및 예시 자료로 이끌어줘야 한다. 아무리 좋은 수업방법이라도 과정에 대한 안내는 받아야 한다.

하브루타가 한창 유행일 때도 그랬다. 아이들은 질문의 종류와 어떤 게 좋은 질문인지를 잠깐이라도 배워야 했다. 토론 수업도 프로젝트 수업도 그 모든 자기주도적인 수업 모형을 처음부터 잘 해나갈 수 없다. 각 수업 모형의 방법과 전략, 유의점을 아이들도 익혀야 하는 것이다. 아이들이 스위퍼가 되어 스스로 자신의 길을 만들어가는 그 지점에 이르도록 만드는 것은 만만치 않은 과정이다. 초등학생들에게는 더욱 그러하다. 이 힘든 과정을 함께하는 사람, 그 존재가 바로 교사인 것이다.

스킵으로서의 교사

세 번째 역할은 '스킵'으로서의 교사이다. 팀의 주장으로 스톤의 위치를 지정하는 등 전략을 세우는 중요한 역할이다. 스톤이 좀더 많은 점수를 얻을 수 있는 위치에 들어오도록 스톤의 위치를 정하고 전체 전략을 짜는 스킵처럼, 교사는 전체 수업에 대한 확실한 목적의식과 기획안을 가지고 있어야 하고, 돌발 상황이 발생했을 때 전략을 변경하는 등 관제탑과 같은 역할을 담당한다.

관제탑으로서의 역할을 위해 교사가 해야 할 것은 무엇일까? 가장 중요한 것은 가르치는 내용, 바로 교육과정에 대한 성찰과 재구성일 것이다. 온라인 수업이 시작되면서 매일매일의 수업을 급하게 올리느라 바빴다. 4월 16일 이후 온라인 수업이 시작되면서 3월 동안 가르치지 못한 내용들을 한꺼번에 몰아서 온라인 학습으로 구성하다 보니, 너무나 일방적인 지식 주입 교육이 되고 말았다. 아이들이 얼마나 이해할지 걱정스러운 생각은 잠깐 들었지만, 가르쳐야 할 내용을 온라인 과정에 쑤셔넣고 일방적으로 전달하기에도 바빴다. 몇 번씩 교육과정을 수정했지만, 교육과정 내용에 대한 수정이라기보다는 법적 시수를 맞추는 것에 더 신경을 쓸 수밖에 없었다. 방송작가가 쪽대본을 쓰듯, 교사들은 그 다양한 과목과 단원을 위해 전체적인 조망 없이, 그날그날 필요한 수업의 자료를 제작하거나 오랜 시간 이것저것을 뒤져서 재가공하거나 최악의 경우에는 그냥 링크만 걸어 아이들이 시청하도록 하였다. 이렇게 하루하루를 버텨갔던 것이 사실이다.

코로나19 전까지만 해도 교사들의 오후 시간은 내일 가르칠 것을 훑어보고, 수업을 구상하고 간단한 자료들을 준비하는 것으로 활용되었다. 그런데 온라인 수업이 시작되면서 교사들은 새로운 온라인 도구들을 익혀야 하고, 가르칠 내용을 살펴보는 것만이 아니라 그것을 프레젠테이션 도구로 만들고, 자료를 찾고 심지어 녹화까지 해야 한다. 온라인 교육 초창기에 한 차시를 만드는 데 3~5시간이 걸렸다. 보통 하루에 가르칠 내용이 많게는 5~6차시, 적게는 4차시인데 이것을 같은 학년 교사들과 나누어 맡아 하더라도 온라인 수업구성에 많은 시간이 드는 것은 어쩔 수 없었다.

결국 1학기 동안 학교는 스킵의 기능을 거의 상실했던 것이 사실이다. 최선을 다해, 학교에서뿐만 아니라 집에서도 자료를 만들고 녹화하고 올리느라 잠 못 드는 밤도 많았다. 그렇게 고개를 숙이고 숨 가쁘게 솔질을 하는 스위퍼로서의 역할에만 몰두할 수밖에 없었다.

하지만 어느 순간 스톤이 성취기준이라는 득점표에 들어오지 않는 경우가 많다는 것을 감지하기 시작했다. 그럴수록 더 솔질을 해보지만, 스톤들은 성취기준에서 멀어지는 느낌이 들었다. 무엇이 문제일까? 더 화려하게, 더 좋은 자료로, 학습을 독촉하는 전화를 해가며 더 노력을 했지만 여전히 참여하지 않는 아이들. 등교를 가로막는 코로나19, 이 사회적 상황이 원망스럽기만 했다. 이제는 힘겨운 빗질 대신 숨을 고르고 스톤이 득점표에 제대로 도착하도록 전략을 짜야 할 시기이다.

학부모, 동학년과의 동맹

컬링 경기의 팀은 4명이다. 투구자 1, 스위퍼 2, 스킵 1의 역할을 자세히 보면, 교사가 4명의 선수가 하는 일을 모두 진행해야 하는 상황이다. 4명의 역할을 모두 해야 하기 때문에 교사들은 버겁다. 이때 가장 필요한 사람들이 동학년 교사들, 그리고 학생의 보호자인 학부모들이다. 온라인 학습과정에서 학생들이 집에서 온라인 수업을 받고 있으니 옆에서 여러 방법으로 격려하는 학부모의 역할이 중요해졌고, 학부모의 도움이 절실한 상황이다. 또 수업을 구성하고 자료를 제작하는 과정에서 동학년 동료 교사들끼리의 협동이 절대적으로 필요하게 되었다. 즉, 아이의 올바르고 균형 잡힌 성장이라는 공동의 목표를 향한 '동료성'이 더욱 중요해진 것이다. 혼자서 스톤을 위한 투구자, 스위퍼, 스킵의 역할을 모두 할 수는 없기 때문이다.

아이의 보호자인 학부모, 동학년 교사들은, 득점표에 스톤을 제대로 놓기 위해 노력하는 컬링 선수들처럼 아이들을 성취기준에 도달시킨다는 같은 목표를 지향한다. 따라서 스톤(학생)이 방향을 제대로 잡아서 가도록 협의하며 함께 노력해야 한다. 한 번도 가본 적이 없는 온라인 수업이라는 이 길을 함께 만들어가고 있다는 점에서, 길을 닦는 컬링 선수들처럼 서로 협동을 해야 한다. 이러다 보니, 학부모들에게 부탁이 많아졌고, 전화 통화나 문자도 많아졌다. 교사들 간에도 전체 교사들의 모임이나 행사가 없어 전체의 협력은 점차 옅어지고 있는 반면, 같은 학년끼리의 단합은 점점 강해지고 있다. 하지만 한편으로는 소통이 어려운 학부모들, 서로 코드가 맞지 않는 동료 교사와 자주 만나서 협의를 하는 것이 괴롭다는 소문들도 들려온다.

140쪽의 자료는 올해 '신규 교사 직무연수'에서 생활교육과 관련된 강의를 맡아 60여 명의 신규 선생님들을 대상으로 화상강의를 하면서 초반에 받은 의견이다. '멘티미터Menti Meter'라는 툴의 '워드 클라우드'를 이용하여 '나의 학교 생활을 힘들게 하는 사람들'을 자유롭게 써보도록 했다.

가장 많이 나온 갈등 대상은 학부모였다. 건강 자가진단을 제시간에 올리지 않은 학부모들에게 문자나 전화로 독촉을 해야 하고, 아이가 온라인 학습에 참여를

동학년 선생님
동료교사
의욕이 없는 학생
교육부
과제를많이주는부장님ㅎㅎ
고등학교 때 만난 반항적인 친구
이상한 이유로 민원을 넣는 학부모
늦잠자서 학생을 학교에 보내지 않는 학부모
대충하자는교사
늦은 밤 연락하는 학부모
아이를 신경쓰지 않는 학부모
학부모
자기만 옳다고 생각하는 사람
쌍방향 수업에 부정적인 교사
정해놓고 묻는 사람
교육청
생활지도에 협조하지 않는 학부모
학생
말이 안통하는 동료교사
자기가 하고 싶은 걸 하고 싶어서 답을
교감선생님
아이의 문제를 인지하면서 아무것도 안하는 부모
무조건학년끼리맞춰야한다고말하는교사
없다
이상한학부모
생활지도에 협조를 안해주는 학부모
관심받으려고 틈만나면 우는 아이

신규 교사들이 느끼는 갈등 대상 워드 클라우드

하지 않거나 온라인 학습 이수율이 낮아서 또 과제를 하지 않아 전화를 해야 하는 상황이 반복되면서 교사들의 스트레스는 높아지고 있다. 늦잠을 자느라 아이를 학교에 보내지 않은 학부모, 아이에게 신경 쓰지 않고 방임하는 학부모, 생계로 힘들다며 교육이 뭔 소용이냐며 짜증 내는 학부모, 늦은 밤 연락하는 학부모, 이상한 이유로 민원을 넣으며 사기를 떨어뜨리는 학부모 등 학부모를 통해 받는 스트레스가 온라인 교육 상황에서 더욱 심해졌음을 알 수 있다.

교사들은 특히 맘카페를 통해서도 많은 상처를 받는다. 맘카페에서 누구나 알 수 있는 특정 교사를 놓고 가

십거리로 씹는 경우도 꽤 있고, 학교 간 비교를 하며 서로 민원을 넣자고 담합하는 경우도 가끔 본다. 이 상황에서 학교가 반성할 점도 있고 수정할 점도 있겠지만, 교무실에 걸려 오는 전화들은 예전 같지 않다. 일단 소리를 지르거나 높은 사람(?)을 찾는 전화가 종종 있다. 일방적으로 소리를 지르면서 신경질적으로 자기 말만 늘어놓고 분풀이하듯 끊는 학부모도 늘고 있다. 이렇게 전화를 통한 언어폭력을 견디다 못해 안심번호를 사용하기 시작했다. 하지만 이것이 또 다른 갈등이 되기도 한다. 통화 내용이 녹음될 수 있다는 초반 멘트에 왜 사전에 이런 녹음에 대한 동의를 구하지 않았는지 학교나 교육청으로 민원을 넣는 일도 발생한다. 교사의 개인 전화번호를 왜 가르쳐주지 않느냐며 수시로 전화를 걸어 불만을 표시한다. 안심번호 업체에 물어보니, 다른 학교에서도 일부 학부모의 언어폭력에 시달리다가 어떤 대응을 하려고 녹음된 내용을 달라고 요구하는 교사들도 늘고 있다고 한다.

학교는 서비스 기관이 아닌 교육기관이다. 그런데 어느 정권에서부터인가 학부모와 학생을 고객으로 대하라는 이상한 요구가 시작되면서 교사의 권위가 하락한 것이 사실이다.

이렇게 언어폭력에 시달리는 상황을 말하면 일반인들은 법적으로 신고하라고 할 것이다. 그러나 '교권보호위원회'가 있어도, 거기서 교사의 정신적인 피해를 인정해주어도 그런 학부모들에게 어떤 제재를 내릴 수 없다. 법적으로 대응해야 하는데 그러기에는 교사의 에너지 소진이 크고, 막상 교사들에게는 아무것도 해줄 것이 없다는 것이 '교권보호위원회 위원장'인 교감선생님들의 안타까운 말이다.

나도 작년에 학교폭력 관련 학생의 학부모와 상담을 하다가 가해학생 학부모로부터 "이 아줌마가, 어?"라는 말을 들었다. "방금 뭐라고 하셨습니까?" "아줌마라고 했다, 왜? 교사답지도 않은 게." 너무나 모욕감을 느껴 교권보호위원회를 열 생각으로 주말 내내 사건 경위서를 썼다 고쳤다를 반복했다. 하지만 마음속 깊은 곳에서는 이런 위원회의 주인공이 되고 싶지 않았다.

다행히 며칠 후 수석교사실에서 사과를 받았고, 좋은 분위기로 마무리가 되었다. 하지만 그 며칠간 교사로서의 자존감, 자부심 등 모든 것이 무너지고 마음이 많이 힘들었던 것이 사실이다. 자신의 불만을 참지 않고 말하는 나와 같은 X세대가 지금의 학부모 세대들이라 그렇다는 말도 있지만, 교사와 학부모 관계를 떠나서 서로에 대한 예의를 상실한 것은 사실이다. 인간적인 예의가 많이 그립다. 온라인 학습이 되면서 이런 안타까운 상황이 더 깊어진 것 같다. 서로를 알기도 전에, 신뢰관계가 형성되기도 전에 안 좋은 일로 전화하고 알릴 사항을 전하는 과정에서 서운함만이 쌓여가는 것이다.

온라인 학습으로 인해 동료들과의 협의가 늘어나면서 학부모와의 갈등만큼 빈번한 것은 아니지만, 동료 교사와의 관계도 교사들의 스트레스가 되고 있다는 소문을 종종 듣는다. 더 큰 동료성이 요구되는 동학년 선생님들과의 관계를 보았을 때, 자주 만나다 보니 갈등이 심해지는 점도 있는 것 같다. 신규 교사들의 입장을 받고 보니 선배 교사로서 미안한 마음이 들기도 한다. 신규이기 때문에 겪는 통과의례적인 갈등뿐만 아니라, 온라인 학습 상황에서 동료들과 겪는 갈등까지 덤으로 겪고 있는 후배 교사들의 상황이 눈에 선해 안타깝다.

신규 교사들에게 스트레스가 되는 동료 교사의 유형도 다양하다. 과제를 많이 내주는 부장님(신규 교사들이 온라인 도구들을 잘 활용하니 이런 부탁을 많이 했을 것이다), 무조건 학년끼리 맞추어야 한다고 말하는 교사, 말이 안 통하는 동료 교사, 쌍방향 수업에 부정적인 교사, 대충 하자는 교사 등, 온라인 학습을 준비하는 과정에서 많은 갈등이 있음을 알 수 있다. 사실 이런 갈등은 신규 교사들만 느끼는 것은 아니다. 나와 비슷한 연배의 연구회 선생님은, 본인이 맡은 과목의 온라인 수업 준비하는 것도 벅찬데, 다른 과목을 맡은 동료가 학부모 민원을 받을 정도로 너무 허술하게 제작하는 바람에 그 과목까지 맡게 되었다는 말을 하면서 울분을 터뜨렸다. 온라인 학습준비하느라 매일 퇴근이 늦는데, 그 교사는 시간이 되면 땡 퇴근을 한다면서 엄청난 스트레스를 받는 듯했다. 웬만해서는 다른 사람 이야기를 별로 안 하는 선생님인데, 코로나19 상황에서 잘못 만난 동료 때문에 이렇게 고생하는 분들이 있구나 싶었다. 어떤 학년은 이런 분란이 계속되니까 각자도생으로 전 과목을 따로 만들어 올리느라 매일 새벽에야 잠이 드는 상황이라는 소문도 들었다.

코로나19 이전만 해도 동학년 교사는 다른 반 수업에 대해서 참견하지 않고, 힘든 수업을 마치고 모여서 학교의 전달사항을 학년부장이 알리거나, 학습준비물을 협의하거나, 학년 역할을 분담하거나, 수업자료를 서로 공유하거나 가끔은 간식을 먹으며 힘든 하루에 대해서 이야기를 하는 정도의 동료성이었다.

그러나 지금은 전문적인 동료성이 필요하다. 전 과목을 어떻게 나누고, 내가 맡은 교과의 교육에 대해서 어떤 방향으로 제작할 것인지, 매일의 온라인 수업의 아침열기는 어떻게 구성하고 과제를 받는 방법과 피드백 방법은 어떻게 할 것인지, 바로 내일 또는 다음 주의 수업구성에 대한 진지한 협의가 우선 많아졌다. 더불어 내가 맡은 과목에 대해서 최선을 다해 수업구성을 하고 제작을 해야 하는 책임감 또한 커졌다. 동료가 자신의 역할을 다해 제작할 것이니, 나 또한 그러해야 한다는 생각으로 서로 믿고 최선을 다하는 것, 이것이 동료성의 기본일 것이다. 그러나 이런 동료성이 잘 이루어져 '같이 또 따로' 좋은 온라인 수업을 구성해가는 학년이 있는 반면, 갈등으로 각자 고생하는 학년들도 생겨나고 있는 안타까운 상황이다.

신규 교사들의 이야기들을 들으면, 대충 하자, 왜 유난 떠냐, 같은 학년에 맞춰 가라, 쌍방향 수업 말도 안 하는데 왜 혼자 하냐는 등 열심히 하려는 모습에 브레이크를 거는 일이 가끔 있음을 알 수 있다. 온라인 수업 상황에서 교사들의 역량이 확연하게 차이가 나기 시작하면서, 나 또한 겪었던 일이지만, 따라가기 어려울 정도로 변화가 심했다. 지금 우리 학교는 쌍방향 수업이 잘 이루어지고 있는 편인데, 아직도 서울의 어떤 학교에서는 죽어도 쌍방향 수업을 못 한다며 한 선생님이 버티고 있어서 동학년 선생님들이 설득하느라 아이들이 그 영향을 고스란히 받고 있다는 말도 들었다. 나와 같은 아날로그 교사들이 그동안 겪어보지 못한 코로나19 시대 학교의 상황에서, 교사들의 모습은 다양하게 나타나고 있고, 이 과정에서 서로 간에 갈등이 심한 경우도 늘어나고 있는 것이다.

학부모와 동학년과의 동맹의식, 동료성이 비대면 시대에 더욱 요구되고 있다. 어떤 방법으로든 목표는 한 가지이다. 아이들의 전인全人적 성장이다. 간단하고 뻔하지만 너무나 중요한 이 목적 때문에 학교가 있고 교사가 있으며 많은 관계들이 형성되는 것이다. 갈등 상황에 놓인 사람들과 이야기할 때, 내가 맨 처음 꺼내는 말은 "우리가 같이 모인 이유는 모두 아이들의 건강한 성장을 위해서입니다"이다. 목적이 같은 동맹관계임을 강조하는 것이다. 학교는 아이들의 교육을 위해 교육의 주체와 객체들이 서로 상호작용을 하는 곳이라는 점을 잊지 말아야 할 것이다. 이 점을 학부모들이 더 깊이 이해해주었으면 하는 바람이다. 그리고 학교는 서비스 기관이 아닌 교육기관임을 잊지 않았으면 좋겠다.

온라인 수업의 3요소

교육청에서 블렌디드 러닝 학습 지원단 역할을 맡아 꽤 교육을 받았다. 결국, 배움 중심수업이라는 모토하에 그렇게 오랫동안 말해왔던, 교육과정-수업-평가 일체화를 온라인에서도 구현하라는 말이었다. 이것을 보면서, 오프라인에서도 제대로 안 되고 있는 이상적인 이 모형을 온라인에서 해야 한다고 생각하니 암담해졌다. 더욱이 코로나19 쓰나미 속에서 허우적대며 역량기반 교육과정의 이상향도, 배움중심 수업의 본질도, 성장중심 평가의 책무도 잃어버린 듯한 상황이었다. 이 잃어버린 것을 다시 찾아서 간헐적인 등교 학습과 온라인 학습에서 자유자재로 하도록 기획하고 실천하라니, 그나마 온라인 수업구성에 익숙해지기 시작한 시기에 나온 모형이라 다행이라는 생각이 들었다.

결국 이 그림은 '스킵'의 교사로서 갖고 있어야 하는

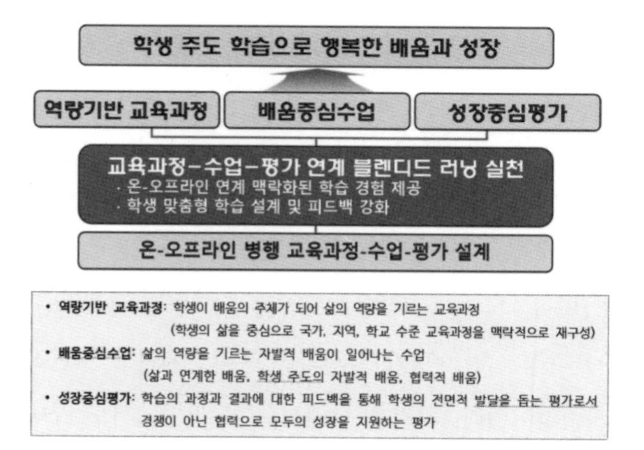

2020 경기도 블렌디드 러닝학습 지원단 연수자료 중

방향타였다. 온라인 교육과 오프라인 교육이 서로 맥락적으로 연결이 되고, 우리 반 아이들의 특성에 따른 학습설계, 아울러 오개념과 난개념을 잡아주는 피드백도 놓쳐서는 안 된다는, 매우 이상적이고 무리한 부탁이다. 현실은 이런 이상적인 방향 설정은커녕, 갑작스런 온라인 학습 속에서 아이들의 학습을 제대로 확인할 길 없는 겉도는 교육일 뿐이었다.

온라인 학습과 등교 수업이 진행되면서, 등교 수업은 평가의 공정성이라는 미명하에 그동안 미처 못 한 평가를 하는 날이었다. 아이들도 교사들도 곤혹스러웠다. 오랜만에 만나는 아이들과 즐거운 시간을 갖고 서로를 알아가며 '친밀한 관계Rapport'도 형성해야 하는데, 지겨운 온라인 수업에 이어 등교 수업마저도 지겨운 수행평가의 시간이 되고 만 것이다. 교사들 또한 아이들과 만나 수행평가로, 아이들이 한 온라인 학습에 대한 검사로 하루를 보내는 것이 달갑지 않았다. 그래서 마스크를 쓴 힘겨운 상황에서도 아이들과 단합을 하려는 다양한 활동도 기획하고 친구들과 상호작용 할 수 있는 시간으로 만들고자 노력하기도 하였다. 그러나 이것도 단기적인 이벤트일 가능성이 많았다. 우리가 잊고 있었던 것은 온라인 학습에서건 등교 수업에서건, 교육의 장에서 아이들이 무엇을 배워야 하는지, 그리고 배워야 할 그것들을 잘 배우고 있는지 살피는, 교육의 본질에 대한 고민이었다.

결국 관제탑과 같은 역할을 맡고 있는 스킵으로서의 교사는 잘 배운다는 기준, 즉 교육과정에 대한 전체적인 파악과 자신의 교육관에 따라 교육과정을 재구성하는 기획, 기획한 것에 대한 실제 전략, 아울러 잘 배우고 있는지 어떻게 평가하고 피드백할 것인지에 대한 전반적인 큰 그림과 전략을 가지고 있어야 하는 것이다.

2020년 1학기 말이 되면서, 일방적인 온라인 학습에 대한 학부모들의 불만만큼이나 거세었던 것은 대학생들의 등록금 반환 시위였다. 그들이 요구한 내용은 다음과 같다.

> "온라인 수업을 두고 사회 전체가 접속 안정성이나 플랫폼 같은 이야기만 했지, 그 안에서 이뤄지는 활동이 **교육적**이냐, 얼마나 **효과적**이고 **효율적**이냐의 얘기는

제대로 하지 않은 것이 근본적 문제이다."

그들 역시 우리 교사들이 온라인 교육이라는 쓰나미 속에서 구축해야 할 것과 같은 내용을 이야기하고 있다. 온라인 수업이 밀려오면서 플랫폼(e학습터, 구글 클래스룸 등)을 무엇으로 할지, 툴을 무엇으로 할지(다양한 녹화 프로그램, 평가 프로그램, 쌍방향 프로그램)를 정하느라 한 학기를 보냈다. 이런 최첨단의 툴을 익히는 것도 중요하지만, 우리가 꼭 짚고 나가야 할 것은 이런 배움들에 숨어 있는 교육적, 효과적, 효율적인 기준들이다.

우선, '교육적'이라는 말은 '사회생활에 필요한 지식이나 기술 및 바람직한 인성과 체력을 가르치는 것'을 뜻한다. 결국 널리 인간을 이롭게 하는 지덕체를 겸비한 사람으로 성장하도록 하는 내용과 활동이냐는 기준을 잊지 말라는 것이다.

온라인 학습이 이루어지는 초반에 겪은 일이다. 퇴근해 집에 오니, 혼자 온라인 학습을 충실하게 하던 딸이 어느 선생님이 올려준 동영상을 보다가 너무 잔인해서 놀랐다며 화를 내면서 하소연을 했다. 대부분 좋은 동영상을 찾아 올려주지만, 동영상이 길다 보니 아마 중간에 이런 장면이 있는 줄 점검을 못 한 것 같았다. 온라인 학습시기인 만큼, 찾은 자료들의 내용에 대한 검열 또한 교육적인지를 보는 실천의 과정이 필요하다.

'교육적'이라는 용어를 지덕체의 통합적 교육이라고 볼 때, 온라인 학습은 특히 덕과 체가 어렵다. 즉, 예체능 교육의 지도가 그러하다. 특히 음악, 체육은 직접 해보며 익히는 교과인데 아이들이 하는 방법을 온라인 학습에서 지식으로만 배우는 게 문제이다. 리코더 불기, 단소 불기, 친구들과 함께 노래하기, 다양한 스포츠형 게임하기(피구, 발야구, 손야구 등)는 불가능해졌다. 어쩌면 온라인 교육에서 인지적인 교육은 가능하나 덕과 체의 교육은 한계가 있을 수밖에 없겠다는 생각이 든다. 이런 상황인데도 나이스에 기록을 해야 하기에 스포츠 클럽을 하라고 한다. 학교에서 지속적으로 할 수 없는 상황이니 역시나 아이들에게 맡기는 상황이다. 스포츠 클럽이 아닌 개인 스포츠가 된 것이다. 그렇다면 유튜브에서 아이들이 따라하기 쉬운 홈트레이닝을 소개하거나 요가와 같은 것으로 해서 하면 좋을 텐데, 이런 자율성도 없다. 무엇이든 기록이고 실적인, 융통성 없는 이 상황이 비교육적이라는 생각도 든다.

두 번째로 '효과적'이라는 말은 '일정한 인적·물적·기술적 자원, 기타 정보 등을 투입해서 정해진 목표를 달성한 정도'를 의미한다. 온라인 수업에서 학생들이 교사가 생각한 학습목표, 더 나아가 성취기준을 달성했는지, 얼마나 배움이 일어났는지 보아야 한다는 뜻이다. 교사가 들인 노력만큼 학생들이 성취기준에 잘 도달했다면 교사로서 그보다 더 자부심을 느끼는 일은 없을 것이다. 이 성취기준의 도달을 위한 교육내용의 재구성과 투입도 중요하지만, 도달 여부를 확인하는 효과적인 도구가 있어야 한다. 이 성취기준이 지금은 교육부에서 제시되고 있고, 우리는 공교육 교사로서 교육과정 사용자User로서 교육과정을 재구성하는 입장에 있지만, 교사마다 자신이 중점적으로 가르치고 싶은 교육내용들이 있을 것이다. 교사들이 구현하기를 고민하는 이 교육내용에 아이들이 접근하고 있는지도 생각해야 한다. 이것이 '효과적'임을 보는 기준이다.

마지막으로 온라인 학습을 구축하면서 '효율적'인지도 고민해야 한다. 4~5시간 걸려서 제작한 것들, 어렵게 찾은 자료들이 아이들의 학습에 별로 영향을 미치지 못했을 때, 또는 매우 미미할 때 방법을 달리해야 한다. 이렇게 교사들이 들인 노력에 비해 얻은 결과의 비율이 높은지 생각하는 것이 '효율성'이다.

학교에서 한때 선생님들이 수업녹화를 하면서 얼굴을 드러내지 않으려고 했을 뿐만 아니라, 목소리까지도 드러내지 않으려고 노력했다. 스스로 듣기에 목소리가 이상하고 자신이 없다는 것이었다. 그래서 프레젠테이션으로 만든 수업내용을 녹화하고, 내가 한 말에 맞게 일일이 타이핑을 해서 그것을 차분한 기계 목소리로 변환을 하는 수고로움을 마다하지 않았다. 맨 처음에는 성우 목소리이니 수업 동영상의 질도 올라가는 것 같았다. 하지만 이내 아이들은 그 듣기 좋은 차분한 목소리가 지루하고 졸립다는 반응을 보였다. 내가 잘 모르는 저 멀리의 목소리가 내가 전혀 알지 못하는 누구로 인식되면서 수업의 단절을 가져온 것이다.

더빙의 노력은 오히려 교육적인 효과를 줄였고, 아

울러 내 목소리를 다른 기계음으로 입히는 이 작업에 들이는 시간과 노력을 생각할 때 결국 '비효율적'인 작업이었다.

효율성을 생각할 때, 화려한 프레젠테이션 자료보다는 아이들이 가지고 있는 교과서를 십분 활용하는 것이 좋을 수도 있다. 1학기를 지내면서, 교사들은 수업 동영상을 좀더 화려하게 만들려고 많은 노력을 했다. 그러면 아이들이 더 집중하고 더 열심히 학습할 것이라고 믿었다. 그러나 갈수록 떨어지는 이수율에 대한 고민으로 특히 수학이나 국어의 경우는 차라리 교사가 실물화상기를 교과서에 비추고 펜을 들고 직접 쓰면서 가르치는 것이 더 효과가 있고, 수업을 구성하고 제작하고 녹화하는 수고로움을 줄이는 효율성도 있음을 발견했다.

교과서를 스캔하고 프레젠테이션으로 만드는 수고로운 정성은 안타깝게도 비효율적이다. 내가 발견한 방법은 교육부에서 많은 비용을 들여 제작한 '디지털 교과서'의 적극적인 활용이다. 디지털 교과서를 다운받아 태블릿PC에서 펜으로 직접 필기를 하거나, Zoom 활용 수업을 할 때 화면공유를 하며 Zoom의 주석기능을 활용하여 가르치거나 태블릿 펜으로 쓰면서 가르치면 더욱 현장감이 있을 수 있다. 실시간 쌍방향 수업이 아닌, 녹화를 할 때도 PPT를 만드는 수고로움 없이 디지털 교과서의 주요 화면을 녹화할 수 있다. 사회, 과학의 경우는 교과서마다 주요 개념과 인터넷 지식을 링크해 놓았고, 동영상도 링크가 되어 있다. 결국, 교육부가 어마어마한 돈으로 만든 디지털 교과서를 활용하여 효과성과 효율성을 높이자는 것이다. 아이들의 배움이 일어나기 위해서는 화려한 수업 녹화자료보다는 아이들이 가장 이해하기 쉽고 간단한 자료들이 오히려 효과적이고, 이는 시간과 노력, 에너지를 줄이는 효율성도 담고 있음을 느끼게 된다.

이렇게 수업의 효율성을 찾게 되면 스킵으로서, 또 꼭 챙겨야 할 컬링 스톤의 현재 상태와 나아가고 있는 방향을 볼 수 있는 여유가 생기는 것이다. 사실, 스킵으로서의 교사는 내 수업자료가 초라한 것은 아닌지 생각하기보다, 아이들이 제대로 배우고 있는지에 시선을 돌려야 한다. 즉, 제대로 이해하고 있는지, 배우려고 하는지, 혹시 힘겨운 다른 길로 가는 것은 아닌지 끊임없이 살펴보고 방향을 잡아주려고 하는 노력 속에서 수업자료를 구상해야 한다. 성취기준에 도달하도록 하는 것이 곧 공교육 교사로서의 책무인 것은 온라인 학습 상황에서도 마찬가지인 것 같다.

이렇듯 스킵으로서의 교사는 내가 하고 있는 교육이 교육적인지, 효과적인지, 효율적인지를 잊지 않고 스위퍼들을 독려하고 스톤들의 방향을 잡아준다. 배워야 할 것, 배우고 싶은 것을 배우도록 안내하는 역할자가 되어야 한다. 이 스킵의 역할이 제대로 이루어지지 않으면, 스위퍼들의 노력, 즉 교육적 실천은 허탕이 될 수밖에 없다.

2학기 들어 불어닥친 쌍방향 수업도, 아이들이 과연 화면 앞에서 집중을 이어가며 교사의 설명을 잘 이해할 수 있을지 비판적으로 생각해보아야 할 것이다. 진정한 쌍방향 수업의 전략을 찾아야 하는 스킵으로서의 교사의 고민이 필요하다는 것이다.

교사들이 유튜브에 공유하는 자료들을 보면, 각 시기마다 많이 올리는 영상들이 다르다. 초창기에는 온라인 툴에 대한 설명들이 많았다면, 지금은 그런 툴을 활용하여 교육을 어떻게 할 것인지, 아이들의 집중도를 높이거나 주의를 환기시키기 위한 활동들이 어떤 것이 있는지 연구한 영상들이 늘어나고 있다. 우리들은 매 시기마다 같은 고민들을 늘 하고 있고 서로 연결되어 있음을 새삼 느낀다. 노력하는 후배 선생님들이 많다는 것에 부러움과 뿌듯함, 감사함의 감정들이 교차한다.

02

교육과정 재구성이 필요한 이유

교사의 교육관이 투영되는 곳

블렌디드 러닝학습이 등장한 이유는, 온라인 교육이라도 교육과정에 대한 분석과 재구성이 필요하고, 등교 수업과 서로 연계가 되어야 하며 무엇보다 실질적인 피드백을 위해 교수 설계를 제대로 해야 한다는 의미였다. 사실 온라인 수업이 갑작스럽게 들어오면서 온라인 수업 플랫폼이나 활용도구에 익숙해지느라 교육내용에 대한 전체적인 분석이 어려웠다. 당장 다음 주에 가르쳐야 할 각 교과의 차시들을 연구하며 학습자료를 만드는 것에 바빴기 때문이다.

이렇게 좇기다 보니 심지어는 가르쳐야 할 교과 대신, 창의적 재량활동으로 채워넣어서 민원을 받는 경우도 있다는 소문도 들었다.

하지만 온라인 수업자료 제작을 하면서, 각 단원 및 차시에 대한 교재연구는 매우 깊어졌다. 차시 내용을 프레젠테이션 형태로 만들고 녹화를 해야 하니, 이 과정에서 학습내용이 아이들 수준에 맞는가, 잘 이해하도록 어떻게 만들 것인가 등등 많은 고민을 하게 될 수밖에 없다. 이 과정에서 세밀하게 각 단원 및 차시를 분석하게 된다. 그럼에도 전체적인 맥락적 구성을 하지 못했던 것이 사실이다. 나무 하나하나를 세밀하게 보느라 미처 숲 전체를 보지 못한 것이다. 이제 온라인 수업에 어느 정도 익숙해지고 있기에, 전체적인 숲을 보는 것이 중요해졌다. 이것이 교육과정 재구성의 과정이 되는 것이다. 이렇게 무엇을 가르칠지에 대한 전체적인 맥락을 놓치지 않기 위해서 재구성도 필요하다.

그러나 제일 중요한 것은 교육과정 내용들이 온라인 수업으로는 불가능한 것들이 태반이라 통합하거나 변경, 대체 등 전반적인 교육내용의 개요를 만들기 위해

체계적인 교육과정 재구성이 필수적이다. 즉, 코로나 19로 인하여 등교를 일주일에 한 번 하고, 학교에 와서는 마스크를 쓰고, 투명 가림판에서 조용히 수업을 듣기를 바라는 국가적 위기 상황에서 체험학습이나 특별교실을 활용한 수업, 토론, 프로젝트, 협동수업은 거의 불가능했다. 따라서 물리적인 거리두기 상황에서 상호작용이 많이 요구되는 활동들을, 학교에서건 온라인에서건 개별활동으로 바꿀 수밖에 없었다. 사회 및 과학 과목 등이 특히 그러하였다. 가르치는 내용을 축소하거나 변형해야 하는 것뿐만 아니라, 성취기준들 또한 그러했다. 예를 들면, 3학년 과학에 나오는 성취기준인 '동물의 한살이 관찰계획을 세우고, 동물을 기르면서 한살이를 관찰하여, 관찰한 내용을 글과 그림으로 표현할 수 있다'라는 교육과정 성취기준은 '동물을 기르는 **영상을 관찰하면서, 관찰한 내용을** 글과 그림으로 표현할 수 있다'는 내용으로 성취기준 또한 변경해야 했다.

온라인으로 가르칠 수 없는 것에 대한 대체교육내용을 구상하기 위해 교육과정을 재구성해야 하는 위의 이유뿐만 아니라 또 다른 교육과정 재구성의 이유가 전문

단원	성취기준	단원학습목표	차시[4]	차시명(주제명) 또는 차시 학습 목표[5]	주요 학습 내용 또는 활동[6]	교과서 쪽수	
						국어	국어활동
1. 이어질 장면을 생각해요	문학[4국05-03] 이야기의 흐름을 파악하여 이어질 내용을 상상하고 표현한다. 듣기·말하기[4국01-04] 적절한 표정, 몸짓, 말투로 말한다. 문학[4국05-05] 재미나 감동을 느끼며 작품을 즐겨 감상하는 태도를 지닌다.	만화 영화나 영화를 감상하고 이어질 내용을 상상할 수 있다.	1~2/10	만화 영화나 영화를 본 경험을 말할 수 있다.	• 단원 도입 • 만화 영화나 영화를 본 경험 말하기 • 단원 학습 계획하기	36~41쪽	
			3~4/10	영화를 감상하는 방법을 안다.	• 영화를 감상하는 방법 알기	42~47쪽	
			5~6/10	만화 영화를 감상할 수 있다.	• 만화 영화 감상하기	48~51쪽	6~7쪽
			7~8/10	만화 영화를 감상하고 사건을 생각하며 이어질 내용을 쓸 수 있다.	• 만화 영화를 감상하고 사건을 생각하며 이어질 내용 쓰기	52~55쪽	8~10쪽
			9~10/10	만화 영화를 감상하고 이어질 내용을 역할극으로 나타낼 수 있다.	• 만화 영화를 감상하고 이어질 내용을 역할극으로 나타내기 • 단원 정리	56~59쪽	

교과 성취기준과 목표(4학년 국어과)

성취기준 수정

만화 영화나 영화를 감상하고, 이어질 내용을 상상하여 글로 표현한다.

차시별 지도계획 재구성

차시	차시별 학습활동	평가방법	평가시기	블랜디드 (원격, 등교)	비고
1~2	ZOOM을 이용하여 만화 영화를 본 경험을 말하기 -초성게임으로 영화 알아맞추기 놀이하기			원격	
3	영화 예고 광고 보고 내용 예측하기, 영화를 감상하는 방법알기,			원격	
4	등장인물의 말과 행동을 생각하며 영화 감상하기 ,			원격	
5	만화영화 감상하기 , 인상깊은 장면 이야기하기			등교	
6	만화영화 감상하기 . 이어질 내용을 상상하여 글로 표현하기	서술형	9월	원격	
7	친구들의 작품을 돌려읽으며 감상평 쓰기			원격	

4학년 1팀의 재구성

성취기준 수정

이야기의 흐름을 파악하여 이어질 내용을 상상하고 표현한다.
적절한 표정, 몸짓, 말투로 말한다.

차시별 지도계획 재구성

차시	차시별 학습활동	평가방법	평가시기	블랜디드 (원격, 등교)	비고
1	만화 영화나 영화 본 경험 말하기			원격, 화상	
2	만화 영화 감상하는 방법 알기(짧은 만화 영화 한 편 제시)			원격 제시	
3-4	만화 영화 감상하기			원격	
5-6	사건 생각하며 이어질 내용 쓰고 대본 만들기			원격 모둠별협의	
7	만든 대본 수정 및 역할 나누어 연습하기			등교	
8	적절한 표정, 몸짓, 말투로 역할 표현하기	관찰법, 상호평가		원격 화상	

4학년 2팀의 재구성

적학습공동체의 연수 과정에서 드러났다. 선생님들을 대상으로 Beecanvas를 활용하여 같은 단원의 차시들에 대한 재구성을 하게 되었다. 연수를 진행하면서 같은 단원, 같은 성취기준을 각 그룹이 어떻게 재구성할지 무척 궁금했다.

같은 4과 동학년인데 두 팀은 놀랍게도 재구성의 방향이 달랐다. 1팀은 우선 아이들의 수준에 맞고 흥미를 끄는 만화영화에 초점을 두었다. 코로나19 상황에서는 만화영화를 역할극으로 표현하는 활동이 어렵다고 판단하고 재구성하였다. 영화를 감상하는 방법, 이어질 내용을 상상하여 글로 표현하고 쓴 글에 대한 감상문 쓰기로 전체 단원의 차시를 재구성했다. 콘텐츠에 대한 충실한 이해, 창의적 글쓰기, 감상문을 통한 공유로 전체의 흐름을 잡은 것이다. 평가는 '이어질 내용을 상상하여 글로 표현하는 것'에 초점을 두었다.

이에 비해 2팀은 같은 단원에 같은 성취기준인데도, Zoom과 같은 화상 플랫폼을 통해, 역할극으로 평가를 하는 재구성이었다. 그러다 보니 성취기준도 1팀과 달리, 적절한 표정, 몸짓, 말투로 표현하는 '효과적으로 말하기'에 좀더 비중을 두었다. 물론 이 단원에서 역할극은 자신들이 구성한 작품에 대해서 깊이 있게 파악하고 이해하도록 하려는 교육방법이다. 1팀은 각자 작성한 것을 서로 돌려 보고 감상문을 작성하면서 공유하고자 하는 것이라면, 2팀은 역할극을 통해 적극적으로 공유하려는 것이다.

두 팀에서 상호 간에 의논하는 것을 들으니 같은 성취기준 및 단원인데 초점을 두고 이야기하는 부분이 달랐다. 그 결과 이렇게 다른 빛깔의 재구성이 이루어진 것이다. 개인적인 생각이지만, 1팀은 성격이 활달한 선생님들이 많았고, 2팀은 차분한 분들이었는데 결과는 반대로 나와서 놀랐다. 아이들과 하고 싶은 수업의 방향이 평상시 보는 선생님의 성격과 같지 않을 수 있다는 것을 느낄 수 있었다. 아울러 함께 자료를 공유하고 수업내용에 대한 협의시간을 자주 갖는 여섯 명의 동학년 교사들이 그 짧은 시간에 이렇게 다른 차시 재구성을 한다는 것은, 서로 지향하는 수업관이 각자 다르며 그 다양성은 이렇게 교육과정을 재구성할 때 드러난다는 것을 깨달았다.

교사의 수업관이 중요하다고 말한다. 수업을 어떻게 바라보느냐에 따라 수업의 설계와 실천은 달라지기 때문이다. 누군가에게 교육관에 대해서 물어보면, 대개 현대 구성주의 이론을 말한다. 즉, 학습은 지식의 단순한 획득과 재생산이 아니라 능동적인 구성의 과정이며, 각자의 상황에서의 주관적 경험과 사회적 상호작용을 통한 의미의 구성과정이 곧 학습이요 이러한 과정을 촉진하고 안내하는 사람이 교사라는 주장 말이다. 듀이, 비고츠키 등 진보적 교육자들의 사상은 이제 우리의 뇌리에 스며들어 있고, 누구나 그러한 교육이 참다운 교육이라고 말하고 있다. 수석교사로서 9년 동안 만난 많은 선생님들의 지향점은 이렇게 대동소이했다.

하지만 막상 수업에 대한 컨설팅에 들어가면 고개가 갸우뚱하게 되고, 구상하는 수업안, 더 나아가 수업 실제상황에 직면했을 때는 교육관과 수업관의 불일치를 느낄 때가 있다. 물론, 생각하고 있는 교육적 실현을 위한 수업을 진행하기에는 아이들의 수준이 안 되거나 비협조적이라는 여러 가지 현실적인 이유가 있기는 하다. 그러나 생각해보면, 그런 현실에서도 실패하더라도 시도를 하려는 실천에서 교사가 갖고 있는 진정한 수업관, 교육관이 드러나는 것이다. 결국 이 수업관은 교육과정을 어떻게 재구성하는가, 단위 차시들을 어떻게 기획하고 실천하는가에 따라서 드러난다.

이 과정에서 수석교사로서 교사가 바라는 이상적인 수업의 일부분이라도 시도해보도록 독려를 할 때 그 반응도 다양하다. 우선, 더 이상 의견을 듣고 싶지 않은지 나의 의견을 그대로 따라 하는 동료 교사가 있다. 이런 분들은 나중에 내가 강요했다는 듯 말하면서 다음번에는 본인이 하고 싶은 수업으로 밀고 가겠다고 한다. 어떻든 몸에 맞지 않는 스타일의 옷을 입으며 무엇인가 깨달음을 얻은 것이니 이것도 의미는 있다.

더 나아가 적극적으로 반대 의견을 내는 동료도 있다. 하지만 이야기를 나누다 보면, 많은 고민 끝에 이런 결론에 이른 것이라는 것을 느끼고 이 과정에서 내가 많이 배우기도 한다. 차라리 이런 동료들이 앞에서 솔직하게 이야기를 하니 시원하기도 하고 선명해서 좋다. 앞에서는 좋은 의견이라고 이해하며 적극적으로 반영하겠다고 했는데 결국 본인이 원래 하던 방식으로 수업하는 동료들에게는 개인적으로 그 많은 논의과정이 헛수고가 된 것 같아서 아쉽다. 하지만 수업나눔에서 나 또한 숨기지 않고 솔직하게 그 이유를 묻고 수업의 주인인 교사의 의견을 수용한다. 그래서인지 수업 컨설팅에서 나의 의견을 제시할 때, 참고로만 들어달라고 미리 말하는 습관이 생겼다.

나를 능가하는 놀라운 동료들도 있다. 내가 어줍게 던져주는 의문이나 제안에 대해서 고민을 하면서 내가 기대한 것 이상의 발전을 보이는 동료들 말이다. 교육과정 재구성이나 수업 재구성을 깊이 있게 고민하면서 아이들을 믿고 무엇인가 시도해보는 어려운 길을 걸어가는 그 과정에서 미처 생각지 못한 대안들을 생각해내는 동료들이 참 고맙다. 그들이 펼치는, 교사로서의 사유가 듬뿍 묻어 있는 수업을 참관할 때는 감동과 존경의 마음이 밀려온다. 그 순간 이런 수업을 참관할 수 있음에 감사함을 느끼기도 한다.

춤추는 교육과정을 위한 탄탄한 플랜

이런 소중한 과정이 코로나 19 상황에서 무너지기 시작했다. 그날그날 수업을 올리기도 바쁘고, 다양한 툴을 익히기에도 시간이 빠듯하기 때문이다. 하지만 낯선 한 학기를 보내면서, 등교 학습과 온라인 학습이 병행하는 시기에 두 수업 체제의 맥락적 연결을 위해 오히려 교육과정 재구성이 더더욱 필요한 시기라는 생각이 점점 강하게 든다. 같은 성취기준과 단원을 놓고도 이렇게 다른 차시 구성을 하는 동료 교사들을 보며, 재구성 과정이 교육과정의 맥락적 운영뿐만 아니라 교사가 바라는 수업을 실현하기 위해서라도 매우 필수적이라는 생각이 든다.

전체적으로 한꺼번에 하지 않더라도, 단원이 시작되기 전에 단원별로 재구성을 하는 것이다. 온라인 학습으로 가능한 것이 있고 등교 수업에서 더욱 필요한 활동들도 있다. 단원에서 핵심으로 가르쳐야 하는 내용을 잘 파악하고, 성취기준을 잘 분해한 것이 차시인데, 이 차시를 잘 수정해야 한다. 그리고 온라인과 등교 수업에 맞게 배치를 하면 된다. 등교 1/3 또는 등교 2/3 수준 중 하나로 맞추어놓고, 상황에 따라 등교를 온라인으로 또는 온라인을 등교로 전환할 수 있어야 할 것이다.

전면 온라인 수업, 1/3 학생 등교 수업(이럴 경우 보통 일주일에 1회 등교), 2/3 학생 등교 수업(보통 일주일에 2~3회 등교) 등 코로나 확진자 수에 따라 수시로 바뀌고 있다. 이럴 때 성취기준 및 단원을 보고 차시를 재구성하면서 온라인 수업으로도 가능한 것, 오프라인 수업으로 반드시 해야 할 것을 생각하는 것은, 가르쳐야 할 것을 놓치는 우를 범하지 않기 위해서이다. 초창기 일주일에 한 번 있는 등교 수업 때, 대부분을 수행평가로 보낼 수밖에 없었다. 아이들을 만날 방법이 단 하루였기 때문이다. 이제는 평가로 가득 찬 수업만을 해서는 안 된다. 수행평가의 원래 취지는 수업 중에 수업결과로서 자연스럽게 도출되는 것이어야 한다. 수업에 참여하면서 아이들이 배우고 익히는 과정에서 해낸 결과물을 평가로 반영하는 교육과정-수업-평가의 일체화를 이루도록 해야 한다. 수업과 평가가 유리되어서는 안 된다는 것이다.

〈원본〉

단원	국어과 교과 역량	성취기준	단원 학습 목표	차시	차시별 학습 활동	교과서 쪽수	지도서 쪽수
3. 의견을 조정하며 토의해요	공동체·대인 관계 역량	[6국01-02] 의견을 제시하고 함께 조정하며 토의한다. [6국02-05] 매체에 따른 다양한 읽기 방법을 이해하고 적절하게 적용하며 읽는다. [6국02-06] 자신의 읽기 습관을 점검하며 스스로 글을 찾아 읽는 태도를 지닌다.	의견 조정의 필요성과 방법을 알고 토의 활동에 스스로 참여할 수 있다.	1~2	의견을 조정해야 하는 까닭을 안다.	92~99쪽	152~157쪽
				3~4	토의 과정에서 의견을 조정하는 방법을 안다.	100~105쪽	158~161쪽
				5~6	토의에서 자신의 의견을 뒷받침할 자료를 찾아 읽을 수 있다.	106~111쪽	162~165쪽
				7~8	찾은 자료를 정리해 알기 쉽게 표현할 수 있다.	112~117쪽	166~169쪽
				9~10	의견을 조정하며 토의할 수 있다.	118~123쪽	170~173쪽

〈재구성〉

단원	국어과 교과 역량	성취기준	단원 학습 목표	차시	차시별 학습 활동	교과서(쪽) / 자료	평가방법	평가 시기	블렌디드	비고
3. 의견을 조정하며 토의해요	공동체·대인 관계 역량	[6국01-02] 의견을 제시하고 함께 조정하며 토의한다. [6국02-05] 매체에 따른 다양한 읽기 방법을 이해하고 적절하게 적용하며 읽는다.	의견 조정의 필요성과 방법을 알고 토의 활동에 스스로 참여할 수 있다.	1~2	의견을 조정해야 하는 까닭을 안다.	92~99쪽			원격	
				3~4	토의 과정에서 의견을 조정하는 방법을 안다.	100~105쪽			원격	
				5~6	토의에서 자신의 의견을 뒷받침할 자료를 찾아 읽을 수 있다.	106~111쪽			원격	
				7	찾은 자료를 정리해 알기 쉽게 표현하는 방법 이해한다.	112~115쪽			원격	
				8	찾은 자료를 정리해 알기 쉽게 표현한다 [6국02-05]	116~117쪽	논술형	10월	등교	116쪽 작성
				9	토의 주제 정하고 자료수집계획을 세운다	118~123쪽			등교	
				10	의견을 조정하며 토의한다.[6국01-02]	118~123쪽	상호평가 관찰평가	10월	원격	ZOOM 소회의

5학년 2학기 3단원 블렌디드 러닝 재구성

위의 표는 5학년 2학기 국어 3단원을 온라인과 오프라인 상황에 맞게 재구성한 것이다. 1/3 등교 체제에서의 단원 구성이다. 이것이 2/3 체제로 바뀐다면, 온라인으로 습득하기 어려운 차시를 '등교' 수업으로 몇 개 차시를 바꾸면 되는 것이다.

3단원에는 성취기준이 세 가지나 된다. '토의'를 배우는 이 단원에서 세 번째 성취기준은 다른 단원에서도 평가가 가능하므로, '토의한다'는 성취기준과 '다양한 읽기 방법의 적용'이라는 성취기준으로 정리하였다. 이것을 토대로 차시별 학습활동을 재구성하였다.

학습의 극대화를 위해 온-오프라인을 연결하고, 교수설계를 할 때 교과서를 벗어나 교육과정 전체를 아우르며 가르칠 핵심을 파악하기 위해 교육과정 재구성은 정말 필요하다. 전장에 나간 군인들은 쏟아지는 포화 속에서 살아남기 위해 전략이 무너지는 상황 속에서도 바로바로 전략을 계속 수정해나갈 수밖에 없다. 이때 명확한 나만의 기준, 계획이 있다면 이 수정은 보다 쉽게 갈 수 있지 않을까? 교육관의 반영, 수업관의 반영이라는 거창한 이유가 아니더라도, 수업의 장이 온라인과 오프라인으로 이원화되는 정신없는 이 상황에서, 가르칠 것을 제대로 전달하기 위해서라도 우리 반을 위한 교육과정이라는 명확한 계획 및 전략서가 필요한 것이다.

무엇보다 단원을 구성하는 차시를 재구성하면서, 특히 평가를 하거나 공들여서 수업을 해야 하는 주제에 대해서는 좀더 세밀하게 전략기획서를 작성해야 한다. 나의 경우는 Zoom 수업이 이루어지는 10차시를 위해 9차시와 10차시를 연결하여 간단히 수업을 짜보았다.

단원	국어과 교과 역량	성취기준	단원 학습 목표	차시	차시별 학습 활동	교과서(쪽) / 자료	평가방법	평가 시기	블렌디드	비고
3. 의견을 조정하며 토의해요	공동체·대인 관계 역량	[6국01-02] 의견을 제시하고 함께 조정하며 토의한다.	의견 조정의 필요성과 방법을 알고 토의 활동에 스스로 참여할 수 있다.	9	토의 주제 정하고 자료수집계획을 세운다	118~123쪽			등교	
				10	의견을 조정하며 토의한다.[6국01-02]	118~123쪽	상호평가 관찰평가	10월	원격	ZOOM 소회의

9차시 개요

8차시 논술형 수행평가 전체 피드백
- 116쪽 잘 된 것 공유
- 정리한 자료를 나타내는 다양한 방법 안내

우리 주변에서 해결해야 할 문제 생각하기
※ 사고의 확장을 위한 동기유발 자료 제시 가능
(예: 학생들 온라인 문화, SNS문화, 따돌림, 사회적 거리두기, 방역, 음식쓰레기...)
- 브레인스토밍: 내가 생각하는 우리 주변 문제 5개 쓰기(교과서)
- 친구들과 토의하고 싶은 주제 1개 쓰기(포스트 잇)

우리 주변에서 해결해야 할 주제 정하기
- 학생들이 쓴 의제 포스트 잇 칠판에 붙여 분류하기
- 크게 분류한 대로 인원 배정하기(30명이라면 6모둠으로)

의견을 뒷받침할 자료 찾기 과제 제시
- 교과서 120쪽 4번 과제 제시
- 우선 현재 아는 지식대로 작성해 보기
- 부족한 부분에 대한 인식 및 자료 조사 계획 스스로 세우기

ZOOM 소회의를 통한 토의 안내

10차시 개요

수업열기(5분)
- 학생들 이름을 몇 번 누구로 바꾸도록 안내하며 출석체크
- 화이트보드 기능을 활용하여 오늘의 수업주제 안내하기
"정해진 주제로 문제 해결 방법에 대해서 토의하기"
- 활동 순서 안내하기
- ZOOM 운영장(가장 빠른 번호), 규칙(대기실 이동 등), 시간 등 안내하기

ZOOM 소회의실 토의하기(15분)
(예: 학생들 온라인 문화, SNS문화, 따돌림, 사회적 거리두기, 방역, 음식쓰레기...)
- 소회의실 이끔이의 운영으로 주어진 주제를 공유하고 토의하기
- 각자 조사해온 자료를 바탕으로 각자가 생각한 문제해결 방법 토의하기
- 이끔이는 나온 문제해결방법을 정리하여 최종 조정안 발표 준비하기
- 참여자들은 이끔이를 제외한 친구들과 토의하며 가장 좋은 자료로 설득력 있게 조사한 친구, 토의의 규칙에 맞게 적극적으로 참여한 친구 등을 생각하도록 한다.
- 교사는 소회의실에 참여하면서 관찰하기

ZOOM 전체 토의하기(10분)
- 교사의 진행으로 각 이끔이가 주제와 나온 해결방법, 조정한 의견 발표하기
- 교사는 전체 피드백 및 마무리

교사에게 비밀 메시지로 가장 열심히 참여한 친구 이름을 보내도록 하기

9, 10차시에 대한 블렌디드 수업안

이 수업안을 보면 Zoom이라는 쌍방향 도구가 있고, 교과서, 포스트잇 등 다양한 도구들이 있다. 우리가 교과서라는 도구에 함몰되지 않듯이 온라인 학습이 이루어지면서 여기저기서 우후죽순으로 정신없이 일어나는 다양한 도구들에 함몰되어서는 안 될 것이다. 수업은 내가 재구성한 교육과정을 아이들에게 가르치거나 배우도록 안내하는 것이지, 도구를 가르치는 것은 아니기 때문이다. 물론, 정신없이 다양한 도구들을 익혀 적용해야 하는 입장에서 교육과정 재구성을 생각하는 것이 배부른 소리라고 일갈하는 사람도 있을 것이다. 하

지만 중요한 것은 도구가 아닌 수업 콘텐츠라는 점, 그리고 이 콘텐츠는 교육과정 및 성취기준을 잘 반영해야 한다는 점에서 교육과정을 재구성하는 작업은 매우 중요하다.

효과성을 담보하기 위해 효율성을 따져 재구성을 해야 하는 온라인 수업 상황이다. 즉, 교육의 목표가 아이들의 전인교육이라 한다면, 도구에 사로잡혀 시간을 보내면서 가르쳐야 할 것을 놓치는 것보다는 도구의 사용이 다소 서툴더라도 교사로서 내가 아이들에게 무엇을 가르칠 것인지, 꼭 가르쳐야 할 핵심이 무엇인지 잘 챙겨야 한다. 또 시간을 정해서 교육과정(성취기준 포함)을 들여다보고 재구성을 하는 과정이 있어야, 더 효율적으로 가르칠 수 있다. 나의 기준과 틀, 내용의 체계가 명확해야 그 안에서 자유롭게 수업의 구성이 가능하며 이 과정이 오히려 곧 시간과 노력을 덜 들이는 효율성을 보장할 것이다.

이러한 효율성을 위해 동료와의 협력이 필요하다. 여러 과목을 다루어야 하는 담임교사 입장에서 이런 교육과정 재구성을 열정적으로 모두 할 수도 있겠지만,

그건 무리이다. 대부분의 학교에서 온라인 수업을 교과별로 나누어서 하고 있는 상황이다. 따라서 각 과목에 대한 재구성을 나누어서 하고 서로 브리핑을 하며 고쳐 나가면서 교육과정의 틀을 재창조하면 보다 효율적일 수 있다. 이런 과정을 통해 수업에 대한 아이디어도 교환하고, 전체 수업지도에 대한 인지도가 머리에 담길 뿐만 아니라, 보다 자신있게 수업구성을 할 수 있지 않을까 싶다. 전문적인 동료성이라는 것은 바로 이것을 의미한다.

교육과정이 춤을 추고 있다. 춤추다 못해 널뛰는 것 같다. 온라인과 오프라인 수업이 수시로 변경되는 현 상황이 참 피곤하다. 10월 말에도 우리 학교는 2/3 등교로, 1, 2학년은 4일 등교, 3~6학년은 3일 등교체제이다. 그런데, 고양시 다른 학교에서 학습지 및 공부방 교사들을 중심으로 확진자가 발생하여 몇몇 학교가 전체 전수조사를 받고 전면 온라인 수업으로 전환했다는 소문이 들려오고 있다. 우리도 언제 또 전면 온라인 수업으로 전환할지 알 수 없다. 시간을 좀 들여서라도 단원별 가르칠 내용을 정리해두었다가, 온라인과 오프라인 수업에 맞게 전환을 하면 교육과정 진도표 전체를 뜯어고치는 그 지난한 작업은 덜 해도 될 것이다. 교육과정의 온·오프라인에 대한 전환이 자유로운, 교사의 품이 덜 드는 재구성이 정말 필요한 시기이다.

03

찾아가는 학교 상담실 운영

학교 상담실에 발을 담그는 이유

사람마다 이유 없이 사서 고생을 하는 일이 있다. 하지 않아도 되는 일을 괜히 만들어서 하는 사람 말이다. 내가 수석교사가 된 이유는 하지 않아도 되는 일을 맘껏 하고 싶어서였다. 그중에 하나가 '학교 상담실 운영'이다.

학교 상담실 운영은 교직 경력 5~6년 정도가 되었을 때, 그냥 하고 싶어서 시작을 했다. '초등상담교육교과연구회'도 만들고, 그 당시 학년부장님, 교무부장님, 같은 학년 후배 선생님들 등 따뜻한 분들과 또 열정 있는 학부모를 상담자로 성장시키면서 나름 열심히 했다. 지금은 명문 여대의 교수님이 되신 분이 운영하는 학교 상담실을 방문하여 조언도 구하며, 따라쟁이가 되어 학교에서 내준 공간을 상담실로 꾸며갔다. 게시판부터 모든 것을 수작업으로 꾸미면서, 그야말로 시키지 않은 일을 열심히 했다. 상담 초심자의 열정을 뭘 믿고 나를 따라주었는지, 그때 부천의 동료 선생님들과 학부모들을 생각하면 지금도 마음이 따뜻해진다.

그러다가 고양시로 전근을 왔다. 몇 년 후 학교폭력 업무를 담당하면서 자연스럽게 상담과 연결이 되었다. 그 당시만 해도 학교폭력 업무는 뭘 어떻게 해야 하는지 어떤 가이드도 매뉴얼도 없는 상황에서, 사건이 터지면 담당자가 모든 것을 알아서 해야 하는 시기였다. 교육청에 즉시 보고하라는 것만 빼고는 어떤 가이드도 없었다. 길을 만들어가며 담당자로서 모든 일을 해결해야 했다. 그래도 배운 것이 상담인지라 사건이 터지면 가해자와 피해자, 목격자라는 관련 학생들에 대한 조사와 조심스런 합의를 이어갔고, 정말 열리지 않았으면 하는 학교폭력대책자치위원회가 열린 후, 어떻게 해서든 관련 학생들을 전문기관과 연결할 방법을 찾았다.

또다시 학교를 옮기고 6학년 부장과 학교폭력, 상담 업무를 맡았다. 갑자기 희망 교사(학부모 상담 자원봉사자)를 만들라는 공문이 내려왔다. 신청을 받고 예닐곱 명의 상담 자원봉사자들을 관리하며 상담실을 운영하였다. 모두 그냥 학부모가 아니었다. 학교에서 기간제 교사로 가르쳐본 적이 있거나, 교육이나 상담 쪽에 관심을 갖고 있는 경력 단절의 분들이었다. 이런 분들과 아이들을 연결하고 학교 상담실을 운영하는 일들은 시키지 않아도 스스로 하던 일이라서 어렵지 않았다. 그때 만났던 한 학부모는 10년이 넘은 지금까지도 계속 인연을 맺고 있다. 그 학부모가 지금은 상담대학원을 졸업하고 각종 자격증을 취득하면서 상담센터 원장이 되어 있다. 그분은 내가 그때 기회를 주어서 자신이 이렇게 성장했다며 고마워하지만, 내 입장에서는 열정적인 그분을 만난 내가 행운이라는 생각을 하고 있다.

수석교사가 되어서도 계속 상담실을 운영했는데, 수석교사 본연의 업무 외에 얹어지는 업무라서 학교를 옮기면서는 하지 않으리라 결심을 했다. 상담실 운영이 신경을 많이 쓰는 일이었기 때문이다. 아이들과 상담자의 연결, 상담실을 열고 닫기부터 시작해서 시간 체크하여 담임교사에게 알리기, 간식 준비, 준비물 및 비품 준비, 심지어 청소 등 신경 쓸 일이 많았다. 수석교사가 되어서 수술을 두 번이나 하면서 몸과 마음이 지쳐 있어서 그랬는지 학교를 옮기면서 상담실 운영은 하지 않았다.

하지만 수석교사로서 수업 컨설팅을 하다 보면, 학급운영 컨설팅 및 생활교육 지원과 자연스럽게 연결이 된다. 어느덧 학교 생활교육에 깊숙이 관여하기 시작했다. 상담심리를 전공했기에 나도 모르게 학교에서 잘 적응하지 못하는 학생들에게 자꾸 눈길이 갔고, 점점 깊이 발을 담그다 보니, 어느 날은 오후 시간을 수업 컨설팅보다 아이들 상담 일로 더 많은 시간을 할애하고 있었다. 학급 내에서 다양한 문제행동을 일으키거나 학교폭력 가해 및 피해자에 대한 단기적인 상담을 자주 맡으면서 단기적으로 끝나는 것이 아쉬웠다. 보다 긴 상담이 필요한 아이들을 위해, 내가 갖고 있는 인맥을 활용해야겠다고 생각하며 전 학교에서 활동하던 인연들을 동원하기 시작했다.

관리가 힘들어서 다시는 하지 않으리라 다짐하던 마음은 어디로 가고, 전 학교에서 상담실을 운영했던 습관이 다시 도져 학교 상담실을 꾸미느라 동분서주하는 내 자신을 발견하며 '오지랖의 버릇은 참 무섭군' 하며 쓴웃음을 지을 수밖에 없었다. 2명의 상담자로 시작한 상담은 1년이 지나 4명으로 늘어났다. 상담전문가이거나 준상담전문가인 분들이지만, 학교에서는 상담 봉사자 형태로 초빙을 하여 차비라도 드리도록 교장선생님이 허락해주셨다. 그렇게 해서 학교생활이 힘든 학생들에 대한 공감의 상담과 그 아이들의 변화를 위한 부모 상담도 이루어졌다. 하지만 2020년이 되면서 코로나로 인해 아이들의 등교가 제대로 이루어지지 못했고, 상담실 운영은 잠정 보류가 되었다.

찾아가는
학교 상담실의 시작

어느 날 아이들 발열체크 지원차 아침맞이를 위해 중앙현관 앞에 서 있었다. 5학년

부장님이 다가와서 학급의 한 아이가 너무 걱정이 된다며 하소연을 했다. 온라인 학습 초반에는 그래도 전화하면 일어나서 수업을 듣곤 했는데, 점점 갈수록 아이가 밤새 게임하고 자느라 전화를 해도 받지 않고, 직장에 나간 엄마도 출근하느라 아이를 깨울 수 없으니 어떻게 하냐며 오히려 교사에게 떠넘기듯 말하는 상황이라고 했다. 생업에 바쁜 학부모 입장에서는 온라인 학습에 잘 참여를 안 하고, 점점 무기력해지는 아이를 어떻게 할 방법이 없으니 정말 답답하고 좌절스럽겠다는 생각도 들었다. 5학년 부장님뿐만 아니라 갈수록 학습에 제대로 참여하지 않는 학생들을 어떻게 할지 걱정하는 교사들이 늘어났다.

문득, 코로나19로 잠정 보류된 상담실 운영을 좀 바꾸어보면 어떨까 하는 생각이 들었다. 아이들이 학교에 나오지 못한다면, 찾아가는 것은 어떨까? 즉흥적으로 생각한 '찾아가는 학교 상담실'을 교감선생님과 의논하니 좋은 아이디어라고 적극 호응해주셨다. 신중하신 교장선생님도 아이들의 학습 및 정서 지원을 위해 1대 1로 상담하는 것이고, 그것도 집으로 가서 하는 상담이니 고

생스럽지만 좋은 시도라고 격려해주었다. 그렇게 또 부지불식간 일을 저질렀다. 4명이던 상담 봉사자가 6명으로 늘었다. 전 학교에서 만난, 지금은 상담센터 원장이 된 학부모가 소개한 상담자들이었다. 전문상담 수련 중에 있지만, 인간적으로 따뜻하고 타인을 돕는 것이 몸에 밴, 너무나 좋은 분들이었다.

상담자 초빙 과정도 만만치 않지만, 이력서부터 여러 가지 서류를 기안하고 위촉장도 만드는 등 일이 많았다. 매일 문을 열고 청소하고 문을 닫는 상담실 전체의 관리도 만만치 않았다. 이 중에서 가장 신경 쓰이는 것은 상담자와 학생의 연결이었다. 상담 업무 담당인 동료 교사에게 부담을 주고 싶지 않아서 혼자 하다 보니 이것들도 업무가 되어 부담으로 다가왔다. 그래도 이 상황에서 무기력에 빠져 있고 힘든 아이들을 위해 학교가 무엇인가 해야 한다는 생각에 알 수 없는 책임감으로 진행해갔다.

찾아가는 학교 상담실 이용 관련 신청을 받았다. 40여 명 이상이 신청을 했다. 이렇게 많은 학부모들이 자발적으로 신청을 할 줄은 미처 몰랐다. 집으로 방문을 원하는 학생들도 있고, 학교에서 받기를 바라는 학생들도 있었다. 모든 것을 정리해서 상담사들과 협의를 통해 매칭을 하였고, 상담사들에게 여러 가지 안내와 유의할 점 등을 교육하고, 신청된 아이들에 대한 어려움도 대강 전달하였다.

코로나19로 인하여, 매일 아침마다 상담자와 내담 학생들의 자가진단을 체크하고 가정 방문 및 학교 상담을 진행하도록 안내를 해야 했다. 아침마다 이를 체크할 뿐만 아니라 상담실을 열고 환기해야 했다. 힘은 들었지만, 맡은 아이들을 위해 아무 말 없이 이집 저집 방문하여 아이들의 온라인 학습상태를 점검하면서 정서 상담을 병행하는 상담자들의 열정이 너무 고마웠다. 혹시나 코로나19가 전염될지도 모르는 불안감도 있었다. 하지만 코로나19보다 아이들의 무력감을 그냥 지켜만 보는 것이 더 답답했다.

여름방학 때, 내년에 상담교사를 받고자 하는 기대로 학교에서 교육청 예산과 학교 자체 예산을 들여 위클래스가 만들어졌다. 너무나 잘 조성된 상담실을 온기 있게 채워달라는 교장선생님의 부탁을 받았다. 8·15

개인 상담실

집단 상담실

상담실 로비

집회 이후 갑자기 증가된 코로나19 확진자로 인해 학교가 전체 온라인 수업으로 전환이 되고, 대부분 재택 근무를 할 때도, 학교에 계속 나와서 상담실을 쓸고 닦고 상담 물품 및 인테리어 제품들을 품의해 구입한 것으로 채워가며 정리했다. 아늑하고 깨끗한 새 공간에 소녀처럼 좋아하는 상담사들이 너무 고마웠다. 2학기 들어서, 계속 상담이 필요한 학생과 새로 의뢰된 학생들을 또 정비하고 상담을 계속하고 있다. 중간에 사정으로 상담사 한 분의 자리가 3번이나 바뀌면서 초빙기안을 몇 번이나 해야 하는 우여곡절이 있었지만, 지금도 상담은 계속 잘 진행이 되고 있다.

상담 자원봉사자들과 간간히 상담 상황에 대한 의논과 협의를 하면서 여러 가지 이야기들을 들었다. 가정을 방문하다 보니, 정말로 어려운 상황에 있는 아이들이 많다고 했다. 조손 가정, 한부모 가정, 다문화 가정, 맞벌이 가정 등 우리가 익히 들어온 새로운 가족 형태에서 살고 있는 아이들 중에는 가정이라는 이름 앞에 붙여진 용어들이 걸림돌이 되어 온라인 학습에 제대로 적응하지 못하는 사정이 많았다. 안타까움과 미안함이 밀려왔다. 아이들의 상황이 어려울 텐데 그 사정을 미처 헤아리지 못하고, 학급의 여러 아이들 중 한 명으로만 그 아이를 바라보며, 내가 관리하는 아이 중 한 명이 제대로 온라인 학습을 하지 않는 것이 '게으름'과 '나태함' 때문이라고만 생각한 것은 아니었나 반성이 되었다.

1학기 상담이 끝나고 담임선생님들께 상담 관련해서 안내했다. '찾아가는 상담실'을 운영하다 보니, 생각보다 좋지 않은 환경, 즉 공부를 제대로 할 수 없는 매우 어지럽고 산만한 환경에 있는 학생들이 꽤 있다는 것을 알리고 싶었다. 한부모 가정도 많았고, 코로나19

로 생계가 막막해진 가정도 있었다는 상담사들의 말을 전했다. 사실 선생님들도(나를 포함하여) 다른 아이들 챙기느라 정작 내 아이는 방치되다시피 하고 있고, 남편과 돌아가면서 아이를 돌보고 있다는 분들도 있었다. 교사들도 그러한데, 하물며 경제적으로 갑자기 어려워진 가정, 조손 가정, 다문화 가정, 한부모 가정 등 여러 어려움을 겪고 있는 상황에서 아이들이 과연 제대로 온라인 학습을 할 수 있는지, 아이들의 어려운 사정을 헤아리고 다른 방법을 강구해야 하지 않을까 하는 답답한 마음을 공유하고 싶었다.

나의 이 오지랖 때문에 불편해하는 교사들도 있지만, 대부분은 이해해줄 거라고 믿는다. 내 자신이 에니어그램 1번인지라, 스트레스 상황에서는 성깔을 부려 주변 사람들을 불편하게 하는 것을 잘 알면서도, 하고 싶은 말을 하는 것이 내 의무라고 생각했던 것 같다. 그 과정에서 서툰 접근으로 무례함을 느끼게 하고, 그래서 적들도 있을 것이다. 하지만 이 오지랖은 고쳐지지 않는다. 좀더 나이를 먹어야 하는가 보다.

소외된 아이들을 챙긴다는 것

찾아가는 상담실은 새로운 체제에 적응하느라 바쁜 동료 교사들이 놓치고 있는 소외된 아이들을 위한 나만의 오지랖이다. 학교에서 교사들은 비슷한 사람들과 교류하다 보니 아이들이 나와 비슷한 환경에서 수업을 들을 것이라는 착각을 하기도 한다. 하지만 집에서 하루 종일 혼자 있는 아이들이 우리 어른들이 바라는 만큼 스스로 학습을 하고 있을까? 어떤 아이들은 온라인 수업도 제대로 안 듣고, 학원도 다니지 못하고 온종일 집에 있다. 온라인 수업을 잘 못 알아듣다 보니 조금 듣다가 유튜브나 인터넷 서핑, 게임으로 빠지기 일쑤이다.

10월이 되어 1, 2학년 오프라인 수업(그냥 수업인데 '오프라인'이라는 말을 꼭 붙이니 이상하다)을 들어갔을 때 알게 된 일이다. 저학년들이 수업 인트로에서 존경하는 사람을 돌아가면서 발표를 하는데, 유독 유튜버가 많았다. 어떤 반은 30명 중 10명 이상이 유튜버가 가장 존경스럽다고 발표하는데, 그 과정에서 눈이 게슴츠레하던 아이들도 유튜버 얘기가 나오니 눈을 빛내며 자기들끼리 말하느라 정신이 없었다. 수업의 내용을 말하는데 게임과 연결해서 말하는 아이들도 많아서 당황스러웠다. 그만큼 아이들은 인터넷에 깊숙이 빠져 있고, 선생님이 링크로 추천한 것은 잘 안 보고 그들이 보기를 원하는 웃기고 기괴한 것을 찾아보느라 바쁜 것 같았다.

더구나 유튜브 등 이런 플랫폼들은 알고리즘 기능이 있어서 내가 관심 있게 찾은 것들을 계속 연결해서 자동재생해주며 시간을 보내도록 하는 마약과 같은 면이 있다. 어른들도 하나만 보겠다던 드라마를 연이어 보다가 결국 새벽까지 보느라 일상이 엉망이 되는 경우도 있지 않은가? 나 또한 몸이 아파서 집에서 쉴 때 드라마 몰아보기로 새벽에 잠든 적도 있었다. 그 이후 밀려드는 자괴감과 피로감은 며칠째 이어졌다. 이것은 우리가 바보라서가 아니다. 그만큼 인간 심리의 취약성을 잘 알고, 전두엽에서 흐르는 도파민 때문에 단기적인 쾌감을 느낄 수 있도록 인터넷 엔지니어들에 의해 설계된 똑똑한 알고리즘 덕분이다. 자기 절제력과 판단력이 있는 어른들도 이러한데, 뇌가 성장과정에 있고 아직

자기조절력이 발달하지 않은 아이들에게 이런 유혹을 스스로 조절하며 온라인 학습 수강을 잘해 나갈 것이라고 생각하는 것은 어쩌면 그러기를 바라는 우리 어른들의 환상적 기대일 수 있다.

학교에 오면 그나마 분위기에 힘입어 열심히 하기도 하고, 못하면 남아서 선생님 지도를 받기도 하면서 조금이라도 배울 수 있다. 그러나 학습을 위한 물리적 환경도 심리적 환경도 제대로 되어 있지 않은 이 아이들에게 무작정 하라고 한다고, 대학생들처럼 자기주도적으로 할 수는 없을 것이다. 어쩌면 제대로 하고 싶어도, 새학년이 되어 처음 듣는 수업 내용들이 이해가 안 되니 지루하고, 조금 이해가 되더라도 계속 이어지는 일방적인 온라인 수업에 아이들이 몇 시간을 앉아서 집중하기는 어려운 것이다.

개인적으로 사범대학에서 교육학 관련 강의를 하고 있다. 올해는 1학기부터 코로나19로 인해 강의를 녹화해서 올리고, 그 내용을 토대로 학습주제를 주어 작성하도록 하면서 강의를 성실하게 들었는지도 체크하고, 일일이 답글을 달아주면서 학습을 독려하고 있다.

15주에서 4주 정도는 플립러닝으로 운영한다. 주제를 가지고 Zoom으로 소집단 활동을 진행하고 있다.

그런데 지난 학기도 이번 학기도, 높은 점수로 들어온 명문대 학생들임에도 불구하고 15주 내내 이어지는 강의 주제에 대한 글을 올리거나 기간에 맞춰 강의를 수강하거나 과제 제출, 심지어 5점이 걸린 소집단 Zoom 수업활동을 놓치는 학생들이 발생했다. 쪽지와 메일로 이 상황을 사전에 알리며 격려하기는 초등학생들에게 하는 것과 마찬가지였다. 학습력이 우수하여 선발된 대학생들인데도 온라인 학습이 길어지면서 적응을 제대로 못하는 경우가 있는 것이다. 하물며 초등학생들은 어떠할까? 자기주도적으로 학습하는 초등학생들은 아마 손에 꼽지 않을까 싶다.

결국 학생들에게는 부모님이나 부모님과 같은 다른 존재들이 필요하다. 매일 만나면 좋겠지만, 가끔씩이라도 나에게 관심을 가져주고 어려움을 나무라지 않고 들어주고 격려해주는 어른 말이다. '혼자' 하는 학습이 길어지면서 사회적 관계가 빈약해지고 따라서 수반되는 사회성 결핍을 예방해줄 어른이 학생들에게는 필요하다. 물론 담임선생님이 가끔 전화하면서 안부도 묻고 학습상황을 점검해주고는 있지만, 아이들에게는 정서적인 지지를 해주는 어른이 있어야 한다. 그 존재를 상담 자원 봉사자들에게서 기대를 하며 '찾아가는 상담실'을 운영하게 된 것이다.

1학기는 주로 가정으로 방문하다가, 아이들이 학교에 나오면서 바깥 바람도 쐬고 겸사겸사 운동도 하는 것이 좋겠다는 생각이 들어 2학기에는 상담사들이 학교에서 상담을 하기 시작했다. 일주일에 한 번 올까 말까 하는 학교라서 그런지, 6학년 어떤 아이는 학교에 들어오는 것이 두렵다며 교문에서 상담사에게 자신을 데려가 달라고 부탁하는 상황도 발생했다. 정도의 차이일 뿐, 아이들에게 학교가 낯선 공간이 되기 시작한 것이다. 상담을 받는 학생들에게는 이렇게 상담실에 와서 따뜻한 경험을 하면서 학교와 친밀해지도록 할 필요도 있다는 생각이 들었다.

아이들이 시간 맞춰 학교로 오는데, 새로 생긴 공간이라서인지 안내에도 불구하고 와서 헤매는 아이들도 있었다. 2년 전부터 학교 상담실에서 상담을 받는 우섭

(가명)이가 있다. 서울대를 나온 아버지의 권위주의와 여성 비하가 아이에게 이어져 있었고, 학교의 규칙이나 체제에 잘 적응을 못해 아이들과도 갈등이 많은 우섭이었다. 그 우섭이가 올해도 상담 신청을 했고, 2학기 들어서 학교로 찾아왔다. 헤매던 우섭이를 상담선생님이 찾아나서다가 어두운 복도 저편에서 서로 마주쳤다. 우섭이는 "선생님!" 하고 외치면서 상담교사에게 달려와서 와락 안겼다. 공개수업을 초토화시켰던 우섭이, 여자들을 우습게 여기던 우섭이는 상담선생님과 만 2년을 함께하며 상담선생님을 엄마처럼 생각하며 따뜻한 아이로 성장하고 있었다.

이런 모습을 볼 때면 아이들의 변화에 놀라고, 기회가 있다면 아이들은 얼마든지 성장 가능한 가소성可塑性을 가지고 있다는 인간의 신비함을 느낀다. 이 세상에 내 이야기를 들어주고, 내 편에서 말해주며 나를 긍정적으로 바라보는 사람이 있다는 것은 인간의 올바른 성장을 위해서 정말 중요한 일이다. 코로나19 시대에 집에 갇혀 있는 아이들에게 이것은 더욱 중요한 경험이다. 솔직히 우리 반에 이렇게 심리적으로 어려운 상황에 있는 학생들을 돌보는 역할을 담임선생님들이 하시는 것이 맞을 것이다.

그러나 선생님들은 현재 그럴 수 있는 여력이 없다. 새로운 체제에서 한 번도 해본 적이 없었던 온라인 학습준비를 하고, 수시로 학습 체크를 하며, 학부모에게 얼굴 붉히며 이것저것 독려를 해야 하는 상황이다. 나 또한 1학기 때는 3학년부터 6학년의 인성교육에 도덕, 미술 교육자료들을 만들면서, 학교에서도 퇴근 후 집에서도 계속 일을 해야 했다. 2학기 역시 1, 2학년 등교 수업 때 A, B로 분리된 반들을 모두 들어가서 인성수업을 하느라 겨를이 없는 상황이지만, 담임선생님들은 아이들 관리까지 해야 하니 얼마나 더 힘들까 안쓰럽기도 했다. 이에 더해 2학기 때는 실시간 쌍방향 수업을 확대하라고 하니, 더욱더 여유가 없어졌다. 이런 동료 교사들에게 학부모도 협조하지 않고 방치하는 아이 하나하나를 챙기라고 하기에는 너무 가혹하다.

2020년 안타까운 뉴스 중 인천에 사는 형제가 라면을 끓이다가 불이 나서 크게 화상을 입고 생사를 오가던 안타까운 사연이 있었다. 엄마의 무관심 속에 아이들이 겪지 말아야 할 일을 겪었고, 다른 사람들처럼 나도 분노에 차서 뉴스를 보았다. 다행히 형제는 깨어났고, 안타까움에 사람들이 성금도 내는 등 한시름 놓는 듯했지만, 그 후유증을 어떻게 견딜까 안쓰럽다. 아니나 다를까 동생은 끝내 하늘나라로 갔다.

이 형제들과 관련된 일련의 사건들을 보면서 분노가 일었다. 홀로 아이 둘을 키우는 엄마의 방임(학대의 하나)을 이미 여러 사람들이 알고 있었고, 이웃에서 3번이나 학대 신고를 했다고 한다. 결국 아동복지와 관련된 지역 기관 등에서도 파악하고 있었다. 그럼에도 법으로만 이 상황을 해결하려고 했고, 상담도 기관에 와서 받도록 했으며, 그마저도 코로나19로 미뤄지고, 아이들은 그렇게 방치가 되어 배고파서 라면을 끓여 먹다가 그 화를 당한 것이다. 아이들이 학교를 다녔으면 이런 일이 없었을 것이라고 했는데, 3월부터 있었던 긴급돌봄을 왜 활용하지 못했을까 싶기도 하다. 그렇게 방치되는 것을 알면서 관련 기관들은 코로나19로 방문을 하지 못했다고만 한다. 물론 지역사회 복지 및 상담센터에서 지역의 그 많은 아이들을 감당하기가 어렵다는 것은 안다. 하지만 법원에 고소할 정도로 심각한 가정의 아이들이었다면 마스크를 쓰고서라도 방문을 해야 하지 않았을까?

기관의 속성은 기관에 속한 구성원들을 길들인다. 기관에 있다 보면, 뭔가를 꿈꾸며 사명감을 갖고 일하는 사람을 불편해하는 동료들의 따가운 시선 속에 서서히 가만히 있는 것이 미덕이라는 것에 길들여진다. 지천명의 나이가 되다 보니, 하늘의 뜻은 잘 모르겠지만 체제가 원하는 뜻은 안다. 기관, 관료체제의 시스템이 사람을 조심스럽게 만들고 규범과 지시에 따르도록 하며, 튀는 것을 허용하지 않는다. 답답하면 떠나야겠지만 그래도 버텨본다. 이것은 학교만이 아니다. 아이들 일로 접한 많은 기관들이 또한 그러하다. "요즘 같은 코로나 시대에 어디를 방문해요?"라는 말을 하는 사람들도 있을 것이다. 하지만, 코로나보다 더 무서운 것은 코로나를 이유로 아이들의 어려움과 위험을 감지하면서도 눈감아 버리는 안일함이 아닐까 생각한다.

예전에 《내 영혼을 위한 닭고기 수프》라는 책에서 읽은 내용이 있다. 썰물 때라서 바다에 있어야 할 조개들이 모래사장에 있느라 햇빛에 말라죽을 지경에 이르렀다. 그런데 어떤 사람이 그 수많은 조개들을 일일이 바다로 던져주는 작업을 했다. 헤아릴 수 없는 조개들을 다 구할 수도 없을 텐데 왜 그런 일을 하느냐는 물음에 "다 구할 수는 없지만, 그래도 내가 바다로 던져서 살아남은 조개들은 자신의 세계를 얻은 것"이라는 내용의 말을 했던 것으로 기억한다. 모두 구할 수는 없지만, 그래도 심각한 상황에 있는 아이들이라면 누군가 더 적극적으로 개입을 했었어야 했다고 생각한다.

관련 사람들이 불편할 수 있는 이런 말을 그래도 용기내서 할 수 있는 것은, 하지 않아도 되는 일, 괜히 일을 만들어 스트레스를 받으면서도 상담실 운영을 하고 있는 나의 오지랖 때문일 것이다. 온라인 학습 상황에서 학습적으로 정서적으로 어려운 학생들을 위해 이런 세세한 시스템이 갖추어지도록 좀더 실질적인 지원이 있었으면 하는 바람, 그리고 그것을 교육기관인 학교에 떠넘기지 않았으면 하는 바람이다.

새로운 체제에 적응하느라 바쁜 담임교사를 대신해 이렇게 열정적으로 아이 하나하나에게 성심성의껏 상담을 해주고, 힘든 아이들의 엄마까지 상담해주면서 최선을 다하는 상담사들을 보면 그저 감사할 따름이다. 상담사 중 한 분은, 집이 하남시보다 더 먼 곳인데 고양시까지 매주 한 번씩 온다. 그리고는 가게를 운영하시는 학부모를 아침 9시부터 찾아뵙고 상담을 한다. 학부모 상담은 한두 번 하고 끝내시라고 말씀드렸지만, 그 분은 "엄마가 변해야 아이가 변해요"라고 상담의 정설을 말씀하신다. 아이를 따뜻하게 보듬는 상담사들 덕분에, 수업 때도 상담에 참여하고 있는 아이들을 보면 밝아지는 것이 눈에 확 들어와서 마음이 벅찰 때가 많다. 한 아이의 세계에 따뜻한 빛을 주는 것, 코로나 시대에 정말 필요한 손길이 아닐까 싶다.

04

그래도 계속되어야 하는 학교 교육

교육의 진정한 파수꾼

1학기 온라인 수업이 제 궤도에 오르도록 하기 위해서, 학급 담임선생님들은 학급 플랫폼을 구성하고 자료들을 제작하느라 분주하고 교과 전담선생님들 또한 그러한 상황이었다. 나도 자료들을 구성하느라 분주하면서도 수석교사로서 온라인 학습이 제대로 진행이 되도록 돕고 싶었다. 여러 가지 플랫폼 및 도구에 대한 제안도 하고, 교육과정 재구성의 필요성 및 쉬운 방법에 대해서 Zoom으로 강의도 하며, 연수도 안내하고, 소소한 팁을 공유하면서 함께 했다. 선생님들께 온라인 학습 플랫폼에 부담임으로 넣어

달라고 부탁했다. 내가 올려야 하는 차시들도 있었고, 어떻게 운영이 되고 있는지 여러 학년들을 보면서 좋은 것들을 서로 전달해주는 메신저의 역할을 해야겠다고 생각했다. 다행히 부장선생님들 대부분이 온라인 학습 플랫폼에서 내가 부담임으로서 온라인 학습터를 모니터링하는 것을 허락해주었다. 학년마다 게시판을 활용하거나 아이디어들이 다양했다. 부장님들의 허락을 얻어서 각 학년의 참신하고 다양한 아이디어들을 수집하여 온라인 학급 운영에 참고하도록 도와드렸다.

그러다가 4월이 되어 어느 학년이 처음으로 온라인 수업을 여는 날이었다. 나도 괜히 긴장을 하며 그 학년을 들어가 보았다. 그런데 송 선생님(가명)이 8시 50분이 넘어가는데 아침열기 게시판(하루에 대한 학습 안내, 기타 사항 안내와 이 글 밑에 아이들이 댓글로 출석여부를 알린다)을 올리지 않았고, 교실에 전화를 했는데 받지를 않았다. 걱정스러운 마음에 학년부장님에게 알렸고, 잠시 당황하던 학년부장님으로부터 잘하시는 분이니 걱정 말라는 말을 들으면서도 괜히 불안해졌다. 9시까지 올라와 있지 않으면 학년부장에게 대신 올려달라고 부탁할 참이었다. 선생님에게 무슨 일이 있나 걱정이 되기도 하면서도, 아이들이 이미 들어와 있을 텐데 안내가 없는 것에 아이들이 당황할까 걱정이 되었다. 9시 정도가 되자 게시판에 글이 올라왔다. 학년에서 협의해서 함께 구성한 훌륭한 아침열기 글이었다.

게시판을 보면서, 아이들 입장에서 늘 생각하고 맡은 일을 꼼꼼히 하며 무엇보다 상대방을 생각하는 배려심이 탁월하여 내가 존경의 마음을 갖고 있는 송 선생님을 순간적으로 믿지 못한 것이 부끄럽기도 했다. '하지만 9시에 수업이 시작이지만 미리 들어와서 학습에 임하는 아이들도 있기 때문에 게시글은 좀더 일찍 올려야 되지 않나' 하는 생각이 내내 들었다. 결국 밤에 송 선생님과 긴 통화를 했다.

전화는 일단 나의 오지랖에 대한 사과로 시작하였고, 학교 수업의 대체 방법으로 이루어지는 온라인 학습이기에 최선을 다해서 올리는 것이 우리의 책무라는 뉘앙스를 전달했다. 이렇게 말하는 것이, 내가 좋아하는 선생님과의 관계를 단절시키는 것이 될까 봐 걱정이 되었지만, 그래도 선생님의 포용성을 믿고 전달한다고 말했다. 서로 이런저런 이야기를 하다가 결국 선생님은 온라인 수업에 대한 회의감을 말하였다. 아무리 열심히 해서 올린들 아이들이 얼마나 이것을 받아들일까, 이 온라인 수업은 곧 끝날 것이고 조만간 등교 수업이 재개될 것이니, 너무 여기에 신경을 쓰고 싶지 않다고 솔직한 심정을 말해주었다.

나는 적잖이 당황했다. 이 상황이 언제까지 계속될지 알 수 없고, 학교에서 많은 사람들이 고민하고 의논해서 정하고 제대로 구성을 하려고 많은 노력을 들인 것인데, 조만간 끝날 것이니 대충 하자는 말인가 싶어 생각이 멈추는 느낌이었다. '벌써 두 달 가까이 아이들의 학습이 거의 정지되어 있었고, 교육과정의 핵심을 찾아 재구성하여 아이들이 온라인 공간에서라도 효과적으로 학습하도록 최선을 다하는 것이 맞지 않은가? 왜냐하면 다른 대안이 없으니 우리가 할 수 있는 이 상황에서 부족하지만 온라인 학습터를 최선을 다해 구성하고 운영하는 것이 맞는 게 아닐까?'라는 마음속 외침을 뒤로하고, 우선은 송 선생님의 회의감을 이해하기로 했다.

그래서일까, 내가 올린 수업에 대한 그 반 아이들

의 반응율이 높지 않았다. 아이들을 잘 다그치지 않고 아이들의 감정을 잘 헤아리는 동료라서 그렇겠거니 하면서도 반응율이 높지 않은 것은 학습을 제대로 하지 않는다는 신호인데 이것에 대한 보다 적극적인 개입을 했으면 좋겠다는 나의 조급증이 올라왔다. 그러면서 내 자신이 매우 과업지향적이구나 하는 생각도 들었다. 하지만 어느덧 온라인 학습이 길어지면서 송 선생님 또한 제대로 수업을 듣지 않는 아이들 때문에 어려움을 토로했다.

10월이 되어 사회적 거리두기 1단계가 되면서, 2/3 등교 지침이 내려졌고, 1~2학년은 4일, 3~6학년은 3일씩 등교 수업이 결정되었다. 아이들이 모두 온 교실은 인원의 반씩만 등교하던 때와 달리 북적거리고 활기가 있었다. 거리두기가 잘 안 되어서 방역을 위한 생활지도에 대한 염려로 또 고민을 하고 있지만, 온전한 한 반으로 만나는 것에 모두들 신나 보였다. 2020년 들어서 처음으로 한 반 전체가 학교에서 만난 이 상황에 마스크 쓰고 수업하고 생활지도를 하는 선생님들은 많이 힘들어 보이지만, 수업시간에 아이들은 더 활기

차 보였다. 자기표현이 늘고, 더 열심히 하려는 분위기가 보였다.

그리고 송 선생님의 얼굴 표정도 환했다. 작년에 보았던 생기가 느껴졌다. 그 선생님이 바라는 학교의 모습이 바로 이것이구나 싶었다. 아이들과 직접 만나 가르치는 것이 매우 즐거운 것 같았다. 아이들에게 최선을 다하여 즐겁게 등교 수업을 하는 선생님을 보니, 온라인 수업에 대한 그분의 회의가 얼마나 컸는지 비로소 확실하게 느껴졌다.

수업은 실존의 교사와 아이들의 직접적인 상호작용으로 이루어지는 '만남'의 과정임을 송 선생님을 통해 다시 한번 느끼게 되었다. 어쩌면 나보다 더 아이들을 잘 가르치고 싶은 마음이 훨씬 강했을 것이다. 교사들도 온라인 학습을 해야 하는 상황에서 당황스러움을 넘어, 깊은 회의와 무기력을 느껴왔음을, 그럼에도 불구하고 에너지를 쥐어짜면서 수업자료를 만들고 게시하느라 식은땀을 흘리고 있었음을 새삼 느끼게 된다. 그 와중에 온라인 학습도 알차게 운영하려고 노력하면서도, 언젠가는 아이들과 직접 얼굴을 보고 교실 속에서 함께 만날 거라는 생각으로 어두운 코로나19의 동굴을 통과하고 있었던 것이다. 교육의 파수꾼으로 노력하는 교사들 덕분에 이렇게 아이들이 배움을 지속하고 있는 것이다.

내가 고군분투하는 이유

쌍방향 화상도구를 본격적으로 사용하기 이전에 아이들의 학습을 확인하기 위해 선택했던 것은 구글 설문지였다. 내가 녹화한 수업을 올릴 때, 정리 부분에서는 미리 작성한 구글 설문지에 링크하여 기록하도록 한다. 누르기만 하면 내가 미리 만들어놓은 질문지에 들어가지는데 이것을 작성해야 올려놓은 수업을 들은 것이고, 아이들이 얼마나 이해했고, 어떤 부분을 어려워하는지 알 수가 있다. 이 내용을 살펴보다가 선생님들에게 아이들의 반응을 참고하라고 엑셀로 반별 정리를 하여 메신저로 보내드렸다. 한동안 다른 학년도 그렇게 드렸는데, 그것이 반별 비교가 되는 듯 불쾌해하는 느낌이 감지되었다.

다른 학년에서 유독 반응율이 낮은 학급의 담임교사가 '우리 반 아이들이 낮은데 어떻게 하면 좋겠느냐?'라면서 아이들이 링크가 안 된다는 둥, 이것은 평가에 들어가지도 않는데 이것으로 아이들에게 꼭 하라고 해야 하는지 의문이라는 둥, 어떻게 해야 하는지 질문을 하는데 그냥 당황스러웠다. '가르쳤으면 확인을 해야 하지 않나? 내가 담임교사가 아니라서 아이들과 만날 수 없는 상황이고 아이들에게 독려하는 역할은 담임선생님이 하는 것 아닌가?' 이렇게 알려주는 것이 담임교사들 입장에서 오히려 부담을 느끼는 것 같았다.

그래서 내가 정리를 하지 않고, 만든 설문지 결과를 볼 수 있는 링크 주소를 공유해서 학급 담임교사들이 직접 정리를 하도록 바꾸었다. 내 입장에서는 정리에도 30분 이상의 시간이 들어가는 일이라 오히려 편했다. 또 배움노트에 쓰는 것으로 정리하도록 수업 끝에 안내했다.

온라인 학습준비와 운영만큼, 그 뒤에 겪는 일들이 참 많다. 온라인 학습을 바라보는 시각도 다르고 그 구성 및 운영 역량도 다르다. 그래서 학교는 보이지 않는 갈등들이 계속되고 있다. 서로 간에, 또 내 자신과도 말이다. 나와 가장 친한 동료 선생님과도 잠시 갈등을 겪을 정도이니 다른 동료들은 어떨까 싶다.

하지만 평소 새로운 기기를 받아들이는 것에 둔감하고 매우 아날로그적인 내가 더듬더듬 새로운 플랫폼과 기술을 익히고, 온라인 수업 관련 연수를 밤낮없이 들으면서 이것저것 만들어보고, 알게 된 것을 나누는 데 몰두하는 이유는 무엇일까? 나는 교사로서 살아남고 싶기 때문이다. 더 나아가 학교가 사라지는 것에 대한 두려움이 있기 때문이다. 결국 나는 학교에 남고 싶고, 이 학교가 없어지기를 바라지 않기 때문에 이런 변화에 대한 적응에 더 몰두하는 것 같다.

내가 학교를 사랑하는 이유는 내 직장이기 때문이기도 하지만, 나는 학교의 도움을 많이 받고 자랐기 때문이다. 나는 가난한 부모님의 장녀였고, 생계로 바쁜 부모님은 옛날 분들이시라 아이의 자존감을 키워주는 것, 칭찬하는 것에 인색하셨다. 공부를 하는 것에도 아버지는 계속 공부해야 한다고 하셨지만, 초등 교사가 꿈인 나에게 어머니는 상업고등학교를 가서 빨리 은행에 취직하는 것이 오히려 낫다고 하셨으니 말이다. 책을 너무 읽는다고 책을 던져버리기도 하셨고, 상을 받아 와도 그런 종이 조각이 뭔 소용이냐며 고단한 생활에 대한 화풀이를 그런 독설로 하셨던 것 같다.

하지만 학교에 가면 선생님들이 언제나 칭찬을 해주셨다. 발표를 잘한다, 글씨를 잘 쓴다, 그림을 잘 그린다……, 정말 많은 칭찬을 받았다. 청소를 하는 것을 보면서 어쩜 그렇게 청소를 잘하냐며 청소하는 모습까지 칭찬해주셨다. 가장 최고의 칭찬은, 고3 때 담임선생님의 칭찬이었다. "너를 1년 전에만 만났어도, 서울대에 보낼 수 있었는데……" 하면서 성적이 오르는 나를 엄청 칭찬해주셨다. 아마 난 학교에서 나를 가르쳐주셨던 선생님들이 없었으면 내가 원치 않는 일을 하면서 불행하게 살고 있을지도 모른다. 또 부모님을 보면서 저렇게 힘들게 고생하며 살고 싶지 않다는 '환경적 결핍'을 극복하고 싶은 마음도 있었고, 그 결핍의 마음을 학교가 채워주었다. 학교는 나에게 많은 도움을 준, 내 꿈의 사다리였다. 나와 같은 처지의 아이들에게 기회의 통로인 것이다. 그래서 나는 학교가 사라지길 원치 않는다.

"이제는 학교도 곧 사라질 것이다. AI 교사들이 점령할 것이다. 더 이상 불완전하고, 불안정한 인간 교사를 쓰지 않을 것이다"라는 말을 들을 때마다 마음속에서 이런 반항심이 일어난다.

'아니다. 인간은 인간에게 배워야 한다. AI 교사들이 갖지 못한, 지혜와 정서, 인간으로서의 덕목은 어떻게 가르칠 것인가? 따라서 과거, 현재, 미래가 담겨 있는 살아 있는 인간에게 배워야 한다. 불완전함과 불안정함도 인간으로서의 특성이고, 이것을 이겨내고 타인과 건강하게 교류하는 인간을 만들기 위해서는 그런 존재가 교사가 되어야 한다. 배운다는 것은, 지식만이 아닌 지성과 감정과 의지가 담긴 사람을 배우는 것이니까 말이다.'

그리고 나의 이런 외침에 힘을 실어주는 동료들이 있다. 학습에 참여를 못 하고 무기력에 빠진 아이를 어떻게 해서든 깨우려고, 그냥 두고 일 나간 엄마를 대신해서 계속 전화를 하며 아이를 온라인 학습터에 들어오도록 하기 위해 고군분투하는 선생님들이 그런 분들이다. 소외된 아이들을 눈여겨보고 용기를 내어 부모님께 상담을 권하고 학교 상담실에 적극적으로 의뢰하는 선생님들로부터도 나는 용기를 얻는다.

아울러 내가 보낸 Zoom 수업방법에 대한 내용을 메신저로 받고, 아침열기나 간단한 수업뿐만 아니라 기본학습이 제대로 안 되는 아이들을 매일 2~3명씩 Zoom에서 따로 불러서 20~30분씩 개별지도를 하는 열정 선생님도 있다. 그분은 집에 가면 파김치가 되어 화장도 지우지 못하고 그냥 곯아떨어진다고 한다. 그렇게까지 안 해도 되지 않느냐고 하면 그래도 그 아이들이 변해가는 것을 보면, 힘들지만 교사로서 계속해야 한다고 말한다. 나의 메신저 글을 읽고 '혼자 이렇게 아이들을 지도해도 되나?'라는 생각을 뒤로하고 용기를 내어 오후 개별수업을 시작한 그 선생님이 나보다 더 교육적 열정이 넘치는 멋진 분이라는 생각이 든다.

초임 발령을 받은 학교에서 '인간 중심 교육'으로 유명한 김종서 박사가 와서 강의를 한 적이 있었다. 대학교 때 책에서나 만났던 분을 실제로 학교에서 만나 강의를 듣다니 너무나 설레었다. 솔직히 다른 내용은 기억나는 것이 없다. 하지만 지금까지도 잊지 않고 기억나는 것은 "교사는 머리끝부터 발끝까지 교사다워야 한다"라는 말과 "내일 아이들을 가르쳐야 하는 사람이 그 전날 술을 마시는 것은 있을 수 없는 일이다"라고 하셨던, 오늘날 꼰대 어록에 남을 만한 말들이 유난히 기억이 난다. 이상하게 그 말들은 지금도 나의 정신을 지배하고 있다. 약게 살라는 세상이지만, 교사마저도 약게 살아서는 안 될 것 같다는 생각이 나를 지배하고 있다. 뭘 그렇게까지 하냐는 말을 듣더라도 아이들을 위해 해야겠다고 생각하는 것을 실천하는 우직한 선생님들이 나는 너무 좋다. 그분들이 지금 우리에게는 교육의 희망이라는 생각이 든다.

이런 동료 교사들이 있기에, 아날로그 교사의 생존을 위한 분투기는 앞으로도 계속될 것이다. 그리고 많은 교사들이 노력을 하고 있지만 등교 수업, 온라인 수업, 쌍방향 수업을 병행하며 많이 지쳐 있음을, 그래서 수업을 돌아볼 여유도 없는 안타까운 상황임을 잊지 않아주었으면 좋겠다. 연금을 수령하는 직업군 중 가장 짧은 연금을 받는 집단이 교사라고 한다(퇴직 후 수명이 짧은 직업군이라는 의미). 그만큼 교육은 쉽지 않다는 의미일 것이다. 나의 동료들이 아이들의 배움을 위해, 학교의 생존을 위해 각자 분투하고 있음을, 이 분투에 사회적인 지지를 실어주기를, 교사로서의 진정한 권위를 찾도록 도와주길 바란다.

코로나 시대 교사 분투기

1판 1쇄 | 2020년 12월 2일

글쓴이 | 이보경
펴낸이 | 조재은
편집부 | 김명옥 김원영 육수정
영업관리부 | 조희정 정영주

펴낸곳 | (주)양철북출판사
등록 | 2001년 11월 21일 제25100-2002-380호
주소 | 서울시 마포구 양화로8길 17-9
전화 | 02-335-6407 팩스 | 0505-335-6408
전자우편 | tindrum@tindrum.co.kr
ISBN | 978-89-6372-338-9 03370 값 | 13,000원

디자인 | IRO 김현수